分県登山ガイド 26

大阪府の山

岡田敏昭・岡田知子 著

山と溪谷社

分県登山ガイド――26
大阪府の山

目次

大阪府の山 全図

▲❶金剛山　本書で紹介する山名とコース番号
◎○　市役所・町村役場
170　国道と国道ナンバー
高速道路・自動車専用道路
JR線
JR新幹線
私鉄線

N
1:300,000
0　5km

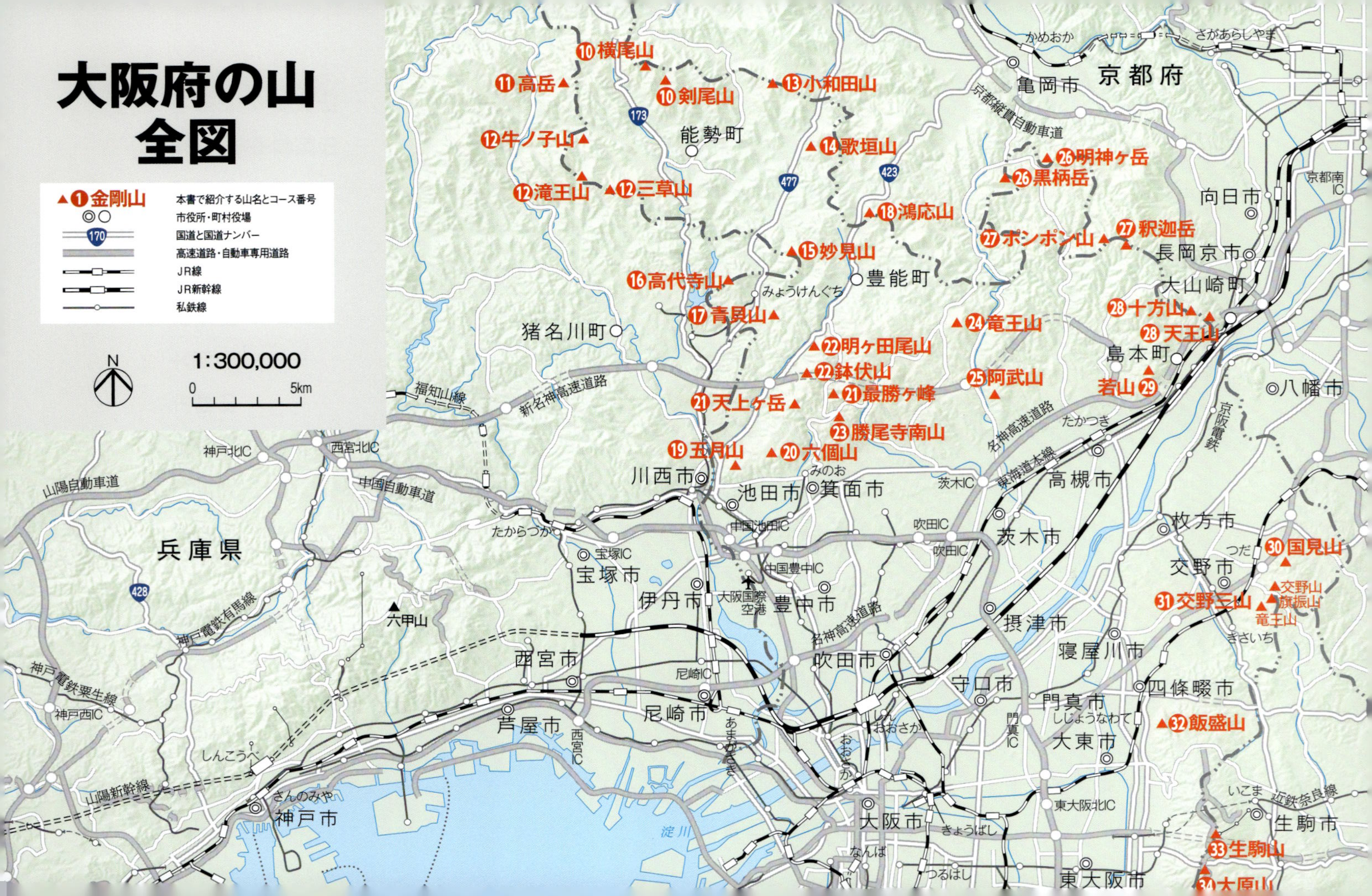

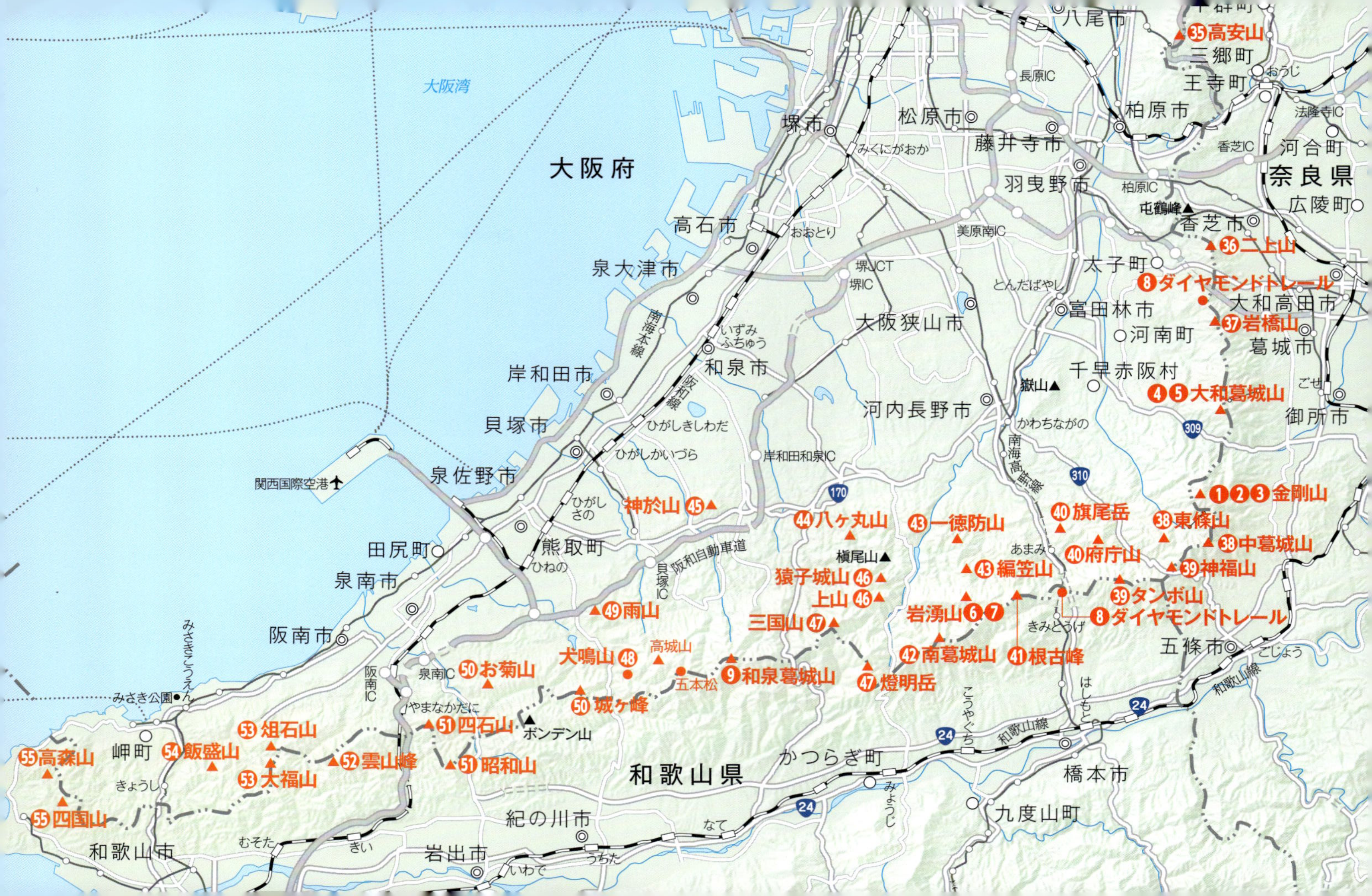

大阪府
大阪湾
関西国際空港
奈良県
和歌山県
八尾市
松原市
藤井寺市
柏原市
羽曳野市
三郷町
王寺町
河合町
広陵町
香芝市
太子町
大和高田市
富田林市
河南町
葛城市
千早赤阪村
御所市
大阪狭山市
河内長野市
堺市
高石市
泉大津市
和泉市
岸和田市
貝塚市
泉佐野市
田尻町
熊取町
泉南市
阪南市
岬町
和歌山市
紀の川市
岩出市
かつらぎ町
橋本市
九度山町
五條市
35 高安山
36 二上山
8 ダイヤモンドトレール
37 岩橋山
4 5 大和葛城山
1 2 3 金剛山
38 東條山
38 中葛城山
39 神福山
39 タンボ山
40 旗尾岳
40 府庁山
43 一徳防山
43 編笠山
44 八ヶ丸山
45 神於山
46 猿子城山
46 上山
47 三国山
47 燈明岳
42 南葛城山
41 根古峰
6 7 岩湧山
9 和泉葛城山
48 犬鳴山
高城山
五本松
49 雨山
50 お菊山
50 城ヶ峰
51 四石山
51 昭和山
ボンデン山
52 雲山峰
53 俎石山
53 大福山
54 飯盛山
55 高森山
55 四国山
横尾山
獄山
屯鶴峰
長原IC
香芝IC
法隆寺IC
柏原IC
美原南IC
堺JCT
堺IC
岸和田和泉IC
貝塚IC
泉南IC
阪南IC
阪和自動車道
南海本線
阪和線
南海高野線
和歌山線
みくにがおか
おおとり
いずみふちゅう
ひがしきしわだ
ひがしかいづら
ひがしさの
ひねの
とんだばやし
かわちながの
あまみ
きみとうげ
はしもと
こうやぐち
ごじょう
おうじ
ごせ
みさきこうえん
みさき公園
やまなかだに
きょうし
むそた
きい
いわで
うちた
なて
みょうじ
170
309
310
24

概説 大阪府の山

――岡田敏昭
岡田知子

本書では、大阪府の山を、淀《よど》川以北の「北摂《ほくせつ》地域」、淀川から大《やま》和《と》川の間に南北にのびる「生駒《いこま》山地」、二上山《にじょうさん》にはじまり、金剛《こんごう》山《さん》、紀見《きみ》峠を経て、便宜上、岩《いわ》湧山《わきさん》までの山並みを「金剛山地」、槇尾山《まきおさん》、燈明岳《とうみょうだけ》から和歌山県境沿いに四国山《しこくやま》までのびる稜線を「和泉《いずみ》山地」、の4つの山塊に分けて紹介する。

最高地点は金剛山で、ほかに1000メートルを超える山はない。ただし金剛山の3ピーク（葛木岳《かつらぎだけ》、湧出岳《ゆうしゅつだけ》、大日岳《だいにちだけ》）はいずれも奈良県にあるため、大阪府下で最も高い「山頂」となると大和《やまと》葛城《かつらぎ》山《さん》となるからややこしい。参考までに大阪府には一等三角点で全国最低標高の蘇鉄山《そてつやま》（7メートル／堺市）、三角点峰で全国最低標高の天保山《てんぽうざん》（5メートル／大阪市）がある。

峠越えの国道や林道が発達し、交通の便が比較的よいため、ほとんど日帰りで山行が楽しめる。役行者（役小角）にちなんだ古刹や行場、楠木正成ゆかりの遺跡などが各所にあり、歴史散策にもあきさせない。

ツツジ満開の大和葛城山から見た金剛山

●山域の特徴

●北摂地域

淀川以北の山域を指す。地質は府下最古といわれ、巨石や滝がとうとつに現れる例も多い。明確な山脈をもたず、山塊間の盆地に集落が点在し、人々は古くから炭焼きや、クリ、マツタケの採集、狩猟などで山と共生していた。地元の信仰を集めた神社・仏閣を含め、里山の魅力が凝縮された地域だ。能勢《のせ》、箕面《みのお》、摂津峡《せっつきょう》など、温泉にも恵まれている。

気候は比較的穏やかで、能勢近辺は避暑地としても知られる。積雪は多くて30センチほどになる山域もあるが、根雪にはならない。

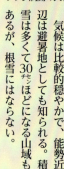

嶽山から見た大和葛城山、水越峠、金剛山（左から）

動物はイノシシやシカ、タヌキなどが生息する。箕面のニホンザルは全国的に有名だ。その他にも、三草山《みくさやま》のミドリシジミや、若山《わかやま》のシイ林など、貴重な自然が残る。

代表的な山は、修験の山で知られ、巨岩群と展望が魅力の剣尾山《けんびさん》と、ブナの天然林が残る妙見山《みょうけんさん》だ。ポンポン山や箕面周辺は、手軽なハイキングコースとして人気が高い。

●生駒山地

大阪平野の真東に位置し、国見《くにみ》山《やま》から生駒山《いこまやま》、高尾山《たかおさん》まで南北約25キロにわたる。最高峰の生駒山でも600メートル強の低山だ。大阪府側は比較的急峻だが、奈良県側はなだらかな地形である。地質的には、昔は傾動地塊とされていたが、最近は褶曲や断層活動説もある。山麓では良質の花崗岩が産出された。

哺乳類では、生駒山周辺でイノシシやニホンザルが見られる。交《こう》

岩湧山から和泉山脈を望む

高安山・玉祖神社前から大阪平野を望む

野山《のさん》周辺や枚岡《ひらおか》公園などは植生が多様で、野鳥の楽園となっている。最近、猛毒のキノコ、カエンタケの発生例があるので注意しよう。

大阪と奈良を結ぶ古い峠道が何本もあり、遊歩道や公園を絡めて手軽なハイキングができる。稜線にドライブウェイが走り、遊園地もあるので、家族やカップルの手軽なレジャー地としても人気。

●金剛山地

二上山から金剛山へと南北にのび、中葛城山《なかかつらぎさん》で西に折れ、紀見峠、岩湧山、滝畑《たきはた》にいたる、奈良、和歌山との県境尾根。古い火山岩でできた二上山、ツツジの名所の大和葛城山、大阪府最高所で、ブナ林がある金剛山が代表格だ。

スギやヒノキの植林帯が多いが、ひとたび展望が開けると、迫力の鳥瞰を楽しめる。屯鶴峰《どんづるぼう》から尾根伝いに槇尾山まで続く、全長45キロのダイヤモンドトレールが整備され、発達した峠道と合わせて、さまざまなコースが組めるのが最大の魅力だ。

主峰の金剛山は、ロープウェイによる観光だけでなく、回数登山のメッカでもある。

登山道は、初心者向けの登山道から、沢登りルートまで数多く、実力に見合った楽しみ方ができる。自然にも恵まれ、新緑、紅葉、雪景色のどれをとっても申し分ない。大和葛城山、金剛山には通年営業の宿泊施設があり便利だ。

河内長野の奥地、岩湧山は一面のススキ（カヤト）で知られる。滝畑周辺は急峻な地形のため滝が多く、避暑地となっている。

●和泉山地

槇尾山以西の高原状の山脈で、和泉葛城山、犬鳴山《いぬなきやま》、山中渓《やまなかだに》以西の紀泉《きせん》アルプスを含む。わが国を代表する大断層、中央構造線のすぐ北を東西に走り、核心部は標高800メートル級のなだらかな高原が続いている。大阪側は急峻な渓谷が発達し、特異な幽玄境をもつ山域が多い。主に砂岩でできた和泉層群からは化石の出土例もある。

主峰・和泉葛城山のブナ林は貴重な存在。犬鳴山は修験の行場と温泉が有名だ。温泉はほかにも牛《うし》

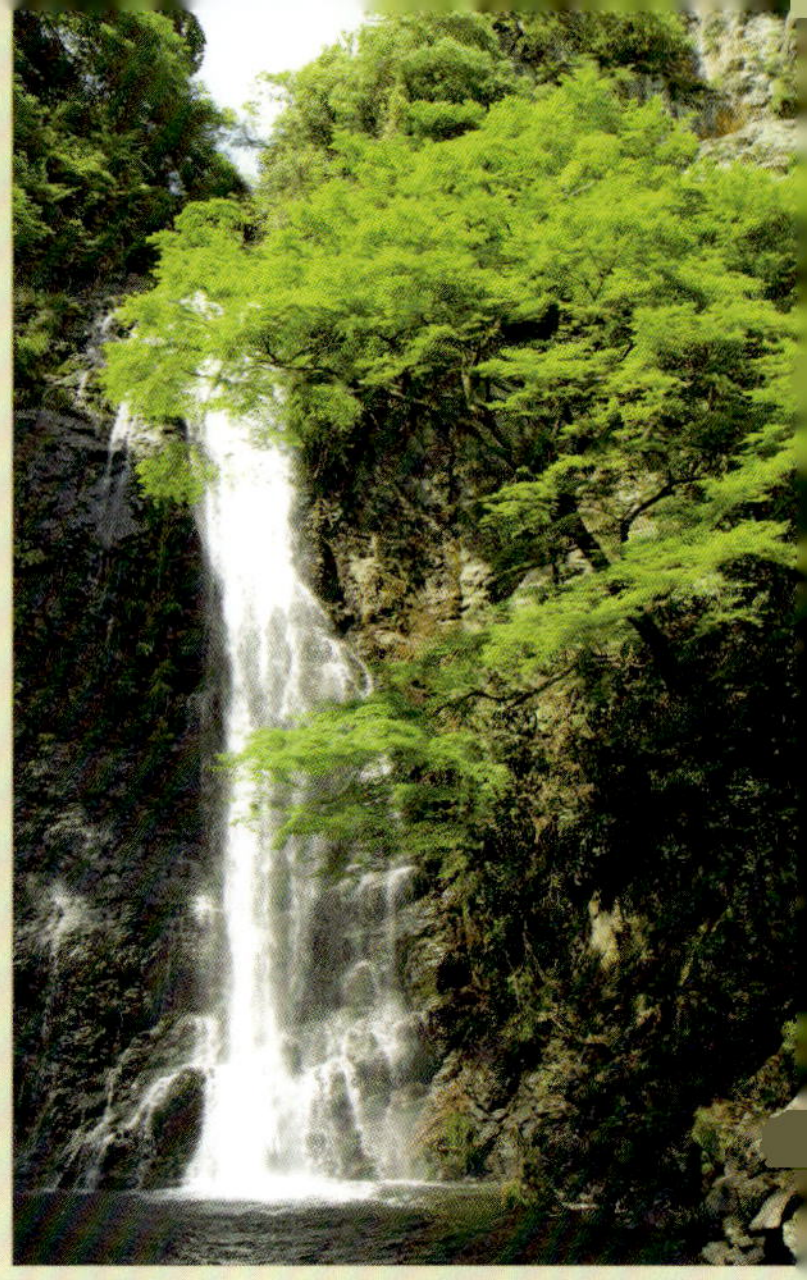
春の箕面大滝

雪の大和葛城山・弘川寺道

生駒山「鐘の鳴る展望台」からの夕景

上：生駒山のアジサイ
下：和泉葛城山の「地蔵さん登山道」にある地蔵

お菊山から見た関西国際空港

滝《たき》、水間《みずま》などが知られる。槇尾山は最高点の捨身《すてみ》ヶ岳《たけ》や蔵岩《くらいわ》などが地元の意向で、当面の間、立入禁止となり非常に残念だ。

紀泉アルプスは、標高400メートル台以下の低山帯で、西端は友《とも》ヶ島《しま》に収斂する。暖かい海風の影響で、ウバメガシやヤマモモ、ネズミモチなどの常緑樹林帯が広がり、下草もササよりもシダが多い植生だ。気候は年間を通じて温暖で、自然林の中、野趣あふれる山行が楽しめる。登山道は網の目のように発達し、自在にコースを組めるのがうれしい。

●安全登山のために

熟年ハイカーが全盛の時代だが、軽率な山行をよく目にする。安全に登山を楽しむため、きちんと地図を読み、自分の体力を見極め、装備を使いこなせる技術を身につけてほしい。また、ゴミやし尿の問題など、環境への配慮も忘れずにおきたい。

山行の適期は春と秋。夏は熱中症と毒虫に注意しよう。秋は北摂や紀泉アルプスのマツタケ山で入山制限もある。冬は凍結や降雪に備え軽アイゼンを携行すること。ハンターが入る場合もあるので注意が必要だ。

本書の使い方

■日程　大阪市の主要ターミナルを起点に、アクセスを含めて、初・中級クラスの登山者が無理なく歩ける日程としています。

■歩行時間　登山の初心者が無理なく歩ける時間を想定しています。ただし休憩時間は含みません。

■歩行距離　2万5000分ノ1地形図から算出したおおよその距離を紹介しています。

■累積標高差　2万5000分ノ1地形図から算出したおおよその数値を紹介しています。は登りの総和、は下りの総和です。

■技術度　5段階で技術度・危険度を示しています。は登山の初心者向きのコースで、比較的安全に歩けるコース。は中級以上の登山経験が必要で、一部に岩場やすべりやすい場所があるものの、滑落や落石、転落の危険度は低いコース。は読図力があり、岩場を登る基本技術を身につけた中～上級者向きで、ハシゴやクサリ場など困難な岩場の通過があり、転落や滑落、落石の危険度があるコース。は登山に充分な経験があり、岩場や雪渓を安定して通過できる能力がある熟達者向き、危険度の高いクサリ場や道の不明瞭なやぶがあるコース。は登山全般に高い技術と経験が必要で、岩場や急な雪渓など、緊張を強いられる危険箇所が長く続き、滑落や転落の危険が極めて高いコースを示します。

■体力度　登山の消費エネルギー量を数値化することによって安全登山を提起する鹿屋体育大学・山本正嘉教授の研究成果をもとにランク付けしています。ランクは、①歩行時間、②歩行距離、③登りの累積標高差、④下りの累積標高差に一定の数値をかけ、その総和を求める「コース定数」に基づいて、10段階で示しています。が1、が2となります。通常、日帰りコースは「コース定数」が40以内で、～(1～3ランク)。激しい急坂や危険度の高いハシゴ場やクサリ場などがあるコースは、これに～(1～2ランク)をプラスしています。また、山中泊するコースの場合は、「コース定数」が40以上となり、泊数に応じて～もしくはそれ以上がプラスされます。紹介した「コース定数」は登山に必要なエネルギー量や水分補給量を算出することができるので、疲労の防止や熱中症予防に役立てることもできます。体力の消耗を防ぐには、下記の計算式で算出したエネルギー消費量（脱水量）の70～80％程度を補給するとよいでしょう。なお、夏など、暑い時期には脱水量はもう少し大きくなります。

時間の要素　距離の要素　重さの要素

行動中のエネルギー消費量(kcal) ＝ 1.8×行動時間(h) ＋ 0.3×歩行距離(km) ＋ 10.0×上りの累積標高差(km) ＋ 0.6×下りの累積標高差(km) × 体重(kg)+ザック重量(kg)

山側の情報 ―「コース定数」　登山者側の情報

*kcalをmlに読み替えるとおおよその脱水量がわかります

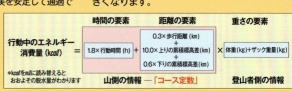

01

ブナの美林を楽しむ、大阪を代表する名山の入門コース

金剛山①　千早本道

こんごうさん　ちはやほんどう　1125m

日帰り

歩行時間＝3時間25分
歩行距離＝7・1km

技術度
体力度

コース定数	＝15
標高差	＝610m
累積標高差	↗664m ↘544m

金剛山は金剛山地の最高峰で、葛木岳《かつらぎだけ》、湧出岳《ゆうしゅつだけ》、大日岳《だいにちだけ》の三峰からなる。役行者《えんのぎょうじゃ》がここに金剛山転法輪寺《てんぽうりんじ》を建立したのが山名の由来だ。アプローチもよく、四季を通じて非常に多くのハイカーに愛されている山だ。

ここではまず、道幅が広く、要所に売店やトイレもある初心者向きのコースを紹介する。

金剛登山口でバスを下り、車道を少し戻って橋の手前を右折。突き当りで右に、千早本道《ちはやほんどう》に入る。案内板にしたがって右の階段を上り、**千早城跡**に立ち寄ろう。千早神社の右横にのびる山道を下りて千早本道と合流する。

岩湧山から遠望した金剛山

長い階段が続き、やがて新道と旧道に分かれるが、みごとなブナ林が広がる右の新道がおすすめ。再び旧道と接するが、引き続きブナ林を楽しめる右の道をとると、金剛山練成会員の登頂回数を掲示した大看板の広場に出る。社務所、金剛山頂売店を経て、**国見城**《くにみ》**跡**の広場に着く。

広場からは大阪平野が見わたせ、大休止に最適だ。売店に戻って転法輪寺を抜け、葛木神社に参拝しよう。本殿奥の葛木岳は、金剛山の最高点（1125㍍）だが、神域で立入禁止。

参道は**一ノ鳥居**でダイヤモンドトレールと合流する。出迎え不動を右に見送ってすぐ、左への分岐をとり、一等三角点のある**湧出岳**（1112㍍）に寄ろう。展望はないが、春先には付近にカタクリが咲く。

分岐に戻り、ブナ林を抜ける。ちはや園地のピクニック広場を右折すればちはや星と自然のミュージアムがある。ここではピクニック広場は直進する。舗装道に変わり、**伏見峠**《ふしみ》で右折し、念仏坂から

■鉄道・バス
往路＝南海高野線河内長野駅から南海バス金剛山ロープウェイ前行き、または近鉄長野線富田林駅から南海バス、4市町村バスで金剛登山口へ（千早赤阪村立中学校前で乗り換え）。復路＝金剛山ロープウェイ前から南海バス河内長野駅前行きに乗り、終点で下車。富田林駅行きの金剛バスは2023年12月に廃止された。

■マイカー
金剛登山口周辺の民営駐車場（有料）、金剛山ロープウェイの駅周辺の府営駐車場（有料）を利用。

■登山適期
▽山麓の桜の開花は4月上旬から下旬だが、国見城跡の金剛桜は4月下旬。ブナの新緑（5月）、黄葉（10月下旬～11月中旬）も魅力。
▽厳冬期の霧氷も人気が高い。ブナの霧氷のころは非常に美しく、訪れ

ブナ林が美しい千早本道。10月後半の黄葉も美しい

冬でも霧氷目当ての登山者でにぎわう国見城跡の山頂広場

一言主を祀る葛木神社。関西では珍しい大社造りの建築

るハイカーの数も増える。

▽転法輪寺の前には、サクラの古木があり、5月上旬には花を咲かせる。なお、国見城跡には「金剛桜」と呼ばれるサクラの古木があり、5月上旬に薄緑の珍しい花を咲かせる。

■アドバイス

▽冬は数10㌢の積雪があり、防寒装備を万全に。伏見峠付近から念仏坂は凍結してよく滑るので、軽アイゼンは必須。

▽ちはや園地では、香楠荘の撤去工事（2024年8月～2026年度）に伴う工事車両の通行に注意。香楠荘にあった携帯電話基地局も撤去され、工事期間は、ちはや園地付近一帯は各社携帯電話がつながらない。

ちはや園地は休憩するのによい

ちはや星と自然のミュージアム

■問合せ先

千早赤阪村まちづくり課☎0721・72・0081（4市町村バスも）、金剛山ロープウェイ（2022年廃止）、南海バス河内長野営業所☎0721・53・9043

■2万5000図分ノ1地形図

御所・五條

下山する。渓流沿いに樹齢約300年の「千早のトチノキ」が見えたら、**金剛山ロープウエイ前バス停**は近い。

霧氷の山肌の向こうに大和葛城山が見える

ちはや園地の展望台

CHECK POINT

1 車道から直接千早城跡に登る階段からもアップローチできる。春には八重桜が咲く

2 楠木正成の詰め城だった千早城跡。楠木正成、正行を祀る千早神社がある

3 千早本道は階段が多い。適宜、休憩をとりながら、自分のペースで登ろう

4 紅葉鮮やかな売店前の広場。どの季節にも人出が絶えない

5 国見城址の広場は、大阪平野が一望でき、お弁当を広げるのに好適

6 役行者の開祖と伝わる転法輪寺は、葛城修験道の総本山である

7 赤い灯籠が立ち並ぶ参道。冬は舗装道が凍ってすべりやすい

8 葛木神社東側直下のブナ林は野鳥の観察場所にもなっている

9 葛城回峰行の基点・出迎え不動。金剛山に参拝するすべての人々を出迎える存在だ

10 湧出岳の一等三角点。すぐ北に、葛城第21番経塚がある

11 大阪府最高地点の表示。葛木岳と湧出岳の山頂は奈良県にある

12 凍った念仏坂ではスリップに注意すること。アイゼン装着がベター

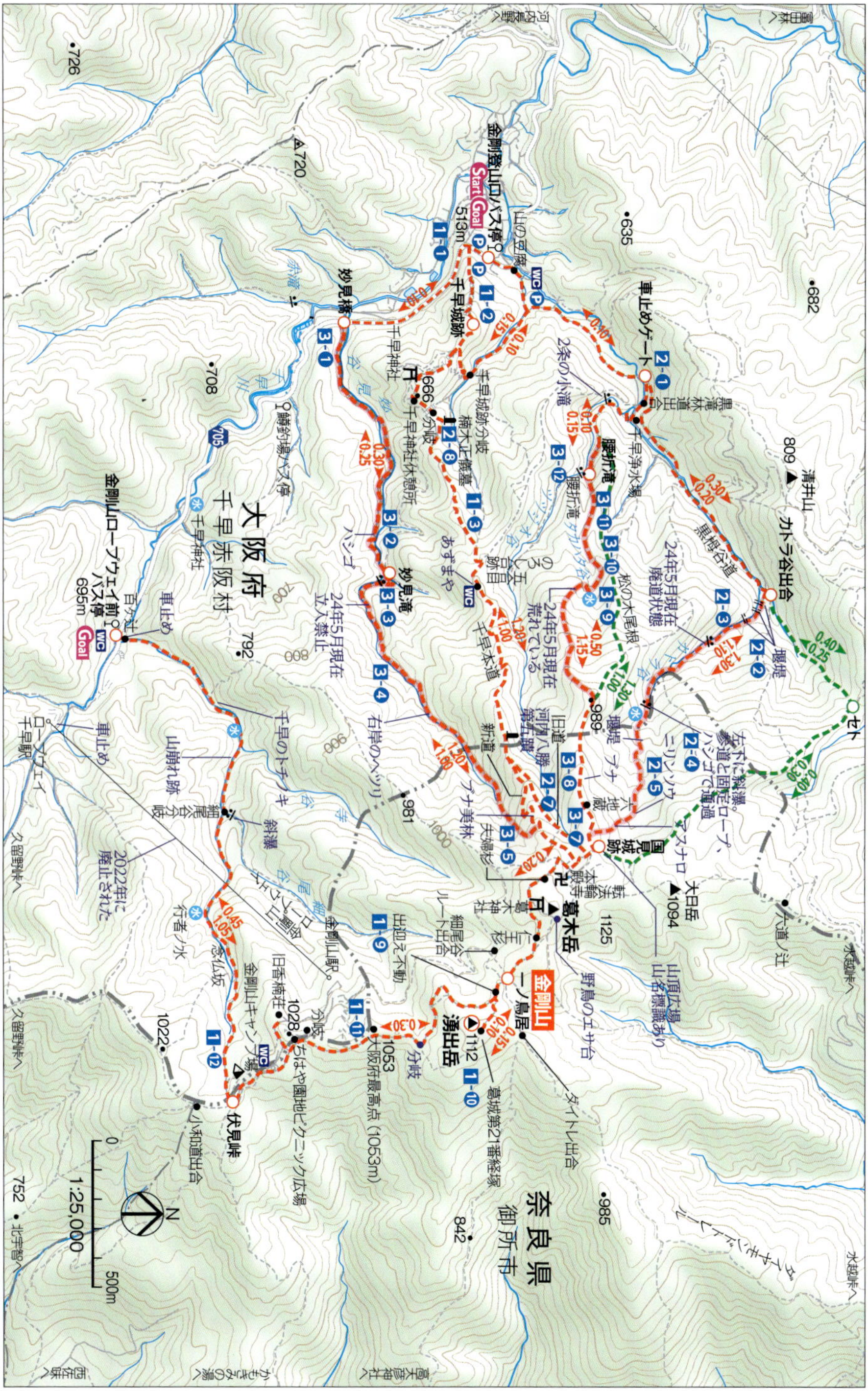

■は2024年5月現在、2カトラ谷は廃道、3妙見谷は通行止め、3タカハタ道は荒れておりすぐ北側の松の木尾根への迂回を推奨。

02

日帰り

金剛山② カトラ谷

こんごうさん　かとらだに

1125m

連続するスリリングな滝場を通り、お花畑の楽園へ

歩行時間＝3時間20分
歩行距離＝5・7km

技術度

体力度

コース定数	＝**15**
標高差	＝610m
累積標高差	↗ 654m ↘ 654m

富田林市の嶽山から見た金剛山

カトラ谷の滝は左右どちらからも巻ける

金剛山には大阪側、奈良側を合わせ、俗に48のルートがあるともいわれるほど登山道が数多く発達している。中でもカトラ谷は、沢沿いに滝を見ながら登りつめると、美しいお花畑が広がる見どころの豊富なルートだ。道標がなく、バランスが要求されるトラバースや急登箇所もあり、スリルを楽しめる。

金剛登山口バス停から車道を少し戻り、橋の手前を右折し、突き当りで左の林道に入る。車止めゲートを抜け、なおも奥へ進むと、**カトラ谷出合**で幅広の林道がつきる。セトへ直進する道には入らず、右をとり、ウッディな堰堤が3つ続く山道に入る。

小滝を見ながら沢沿いに進むと、落差10ﾒｰﾄﾙほどの滝をはさんでルートが左右に分かれる。滝の上部で再び合流するが、滝の姿を見るには右から行くのがよい。次に左下に滝を見下ろしながら桟道と固定ロープの難所を横切り、ハシゴを登れば古い堰堤に着く。春はこの上部あたりからニリンソウなどの花が増えはじめ、上部は大群生地になっている。また、初夏にはクリンソウのピンクの花が咲き誇る。

お花畑をすぎたら一転して猛烈な急坂の連続となる。息が切れそうになるころ、**国見《くにみ》城跡**の広場に着く。

眺めを楽しみ、転法輪寺《てんぽうりんじ》にお参りしたら、千早《ちはや》本道を下る。国見城跡の広場から売店に向かう間に、整備された下り坂が見える。これが千早本道の旧道だ。しばらく下ってから合流する新道をとれば、ブナ林が美しい。前項の金剛山①で登路として紹介したルート

■鉄道・バス

往路・復路＝南海高野線河内長野駅から南海バス金剛山ロープウェイ前行き、または近鉄長野線富田林駅から南海バス、4市町村バスで金剛登

注：本項で紹介するカトラ谷は2019年の台風などにより廃道状態。通行は松の木尾根や黒栂谷道など他のコースへ（13ﾍﾟｰｼﾞ地図参照）。

だ。長い階段をゆっくり下ろう。

簡易トイレがある「のろし台跡」、楠木正儀《くすのきまさのり》墓を見ると、ほどなく分岐に出る。右に行けば千早本道を忠実にたどり、金剛登山口に戻れるが、ここはもうひとつ旧跡に寄っていきたい。この分岐を左にとり千早神社の裏手に出て、**千早城跡**を訪れよう。石段を下り、バス道に出る。右にすぐで、**金剛登山口バス停**に戻る。

カトラ谷上部に大群落をつくるニリンソウ

CHECK POINT

1 車止めゲートのある左の黒栂林道に進む

2 ウッディな堰堤が続く、カトラ谷下部からは山道となる

3 カトラ谷最初の滝は左のハシゴを越える

4 桟道と固定ロープが設置されたトラバース道では、過去に転落事故も起きており注意

5 春、カトラ谷上部を彩るニリンソウ群落。踏跡のないところには立ち入らないこと

6 転法輪寺の境内に咲く、珍しい白花のショウジョウバカマ

7 千早本道の上部はブナが美しい。いっきに下りず、足をとめて緑を楽しもう

8 楠木正成の三男、正儀の墓。正儀は南朝の命で河内の国司と守護をつとめた

山口へ（千早赤阪村立中学校前で乗り換え）。

■**マイカー** 金剛登山口周辺の有料駐車場を利用。

■**登山適期** 新緑が美しい4月中旬～5月、カタクリは4月中旬～下旬、ニリンソウは4月下旬～5月初旬、クリンソウは5月下旬～6月初旬、ブナの黄葉は10月下旬～11月中旬。冬期はアイゼンは必携で、特にカトラ谷のトラバース箇所は上級レベルと化す。

転法輪寺の境内に咲くカタクリ

■**アドバイス** ▽カトラ谷を横切る箇所では、過去に滑落事故も起きている。通過には細心の注意を。

▽金剛登山口には素朴な味わいの「山の豆腐」（☎0721・74・0015）がある。「山の豆腐」ではおいしい豆腐のスイーツもある。

■**問合せ先** 千早赤阪村農林商工課☎0721・72・0081（4市町村バスも）、南海バス河内長野営業所☎0721・53・9043

■**2万5000分ノ1地形図** 御所・五條

＊コース図は13ページを参照。

03

金剛山系で有数の名渓・妙見谷を遡行する上級ルート

金剛山《こんごうさん》③ 妙見谷《みょうけんだに》・タカハタ道《たかはたみち》

1125m

日帰り

歩行時間＝3時間10分
歩行距離＝6・1km

技術度 ▲▲△△△　体力度 ♥♡♡♡♡

コース定数＝15	
標高差＝610m	
累積標高差	↗658m ↘658m

災害前の妙見滝。今は崩壊して姿が変わってしまった

金剛山の、通常の登山靴で登れるルートの中では、妙見谷は滝あり、岩場の難所ありと、沢登りの気分を味わえる。上部は美しいブナ林が広がる幽境だ。下山路に使うタカハタ道にも、固定ロープの難所や2段20メートルの越折《こしおれ》滝があり、スリルを楽しめる。

金剛登山口バス停からバス道を先に進み、**妙見谷橋**を渡ってすぐの車止めゲートから林道に入る。道幅が細くなると足場が悪くなり、固定ロープとハシゴを伝って進む。直下に妙見谷の小滝が連続するのが見える。

右手に落差15メートルの**妙見滝**が現れたら小休止。妙見滝は、右の急斜面を、固定ロープを頼りに登るか、左の山道を大きく巻く。

しばらくはV字谷を、転石を選びながら遡行するが、水量が多い時は右岸（進行方向左）をトラバースしてもよい。このトラバース道は途中で左岸に転じる。やがて水際を歩くほかなくなるので、徒渉したり、岩をよじ登りながら沢登り的なスリルを体感しよう。

源流にさしかかると、ブナの木が目立つようになる。春には岸にニリンソウが見られる。ガレ場を

■鉄道・バス
往路・復路＝南海高野線河内長野駅から南海バス金剛山ロープウェイ前行き、または近鉄長野線富田林駅から南海バス、4市町村コミバスで金剛登山口へ（千早赤阪村立中学校前乗り換え）。

■マイカー
金剛登山口周辺の有料駐車場を利用。

■登山適期
新緑の4月中旬～5月、ブナが黄葉する10月下旬～11月中旬がベスト。妙見谷は夏は涼しくてよいが、積雪期は熟達者向けとなる。もちろん冬期はアイゼン必携。

■アドバイス
▽妙見谷は通常、登りにのみに利用。下りは足場が悪く、難易度が増す。
▽金剛登山口バス停そばのレンタルスペース&カフェ「もぐらの寝床」では、千早赤阪村産の薪で焼き上げた石窯ピザ（土・日・月曜限定）や日替わり店長による定食、金剛山麓の水で淹れたコーヒーなどが味わえる。下山後のバスの待ち時間などに利用したい。

■問合せ先
千早赤阪村農林商工課☎0721・72・0081（4市町村バスも）、南海バス河内長野営業所☎0721・53・9043

■2万5000分ノ1地形図
御所・五條

注：登路の妙見谷は24年5月現在立入禁止、下山路のタカハタ谷も荒れており、北側の松の木尾根（13ページ地図参照）への迂回を推奨されている。

清流に絡みながら、水際をへつる

経て、ブナ林の急坂をつめ、ササを分けると転法輪寺前の広場の南端に出る。金剛山練成会の登山回数を示す掲示板を横目に、山頂売店で左へ進み、**国見《くにみ》城跡**の広場に出る。大阪方面の眺めを楽しみ、大休止しよう。

山頂表示板にある国見城跡の一段下にも広場がある。この西の端に、タカハタ道の入口がある。斜めにのびた樹木が目印だ。道標がないので注意したい。

山道に入るとすぐにカトラ谷への分岐に出る。左へ進み、六地蔵をすぎてブナの大木が並ぶ尾根に出る。すぐに植林の長い下り坂となるが、水場をすぎると雑木林に変わる。左が切れ落ちた斜面を、固定ロープを頼りに慎重に下る。ツツジオ谷への木橋を見送り、さらに固定ロープの岩場を下ると、**腰折滝**に着く。水量は少ないが、迫力がある。

沢沿いに下り、最後に徒渉すると、黒栂《くろとが》林道出合に着く。すぐに**車止めゲート**で、林道を下り、**金剛登山口バス停**に向かう。

CHECK POINT

1

妙見谷入口の車止めゲート（普段は閉じている）

2

最初の難所は、固定ロープとハシゴで岩場を慎重に通過する

3

妙見滝は左右どちらからでも越えられるが、右はスリリングだ

4

滑落しないよう三点確保で岩をつかみ小滝を巻く

5

妙見谷の上部は急峻だが、美しいブナの自然林が広がる

6

険しい遡行を終え、山頂売店に向かう。ほっとするひと時

7

タカハタ道に入ってまもなく、六地蔵に見送られる

8

タカハタ道の上部には、わずかだがブナの巨木が見られる

9

植林帯の下部にある水場は、ひと息入れるのによい

10

左が切れ落ちた急斜面を落ち葉に注意して慎重に下る

11

腰折滝手前の、固定ロープの岩場は、ややすべりやすいので注意したい

12

2段20メートルの腰折滝は、落ち口でタカハタ谷とツツジオ谷が合流している

＊コース図は13ページを参照。

04 大和葛城山① 弘川寺道

最短コースで山頂に立ち、西行法師ゆかりの桜の名刹へ

やまとかつらぎさん
ひろかわでらみち
959m

日帰り

歩行時間＝3時間10分
歩行距離＝9・2km

技術度 ■■□□□
体力度 ■□□□□

コース定数	＝17
標高差	＝444m
累積標高差	↗733m ↘1038m

←富田林市の嶽山から見た大和葛城山

←金剛山を背に、ススキの銀穂がたなびく秋の大和葛城山

標高約510メートルの水越《みずこし》峠は、大和葛城山への最短ルートである。バスの便が限られるのがネックだが、わかりやすい一本道だ。一方、下山に使う弘川寺道は、分岐が多く、都度の読図が必須となる。西《さい》行《ぎょう》法師入滅の地である弘川寺は、春は1500本のサクラが咲き、花見客でにぎわう。

旧国道を上がり、簡易な手洗い場がある**水越峠登山口**で北側へのびるダイヤモンドトレールに入る。いきなりの急坂なのでペース配分をしよう。振り向けば金剛山が見えるあたりからコナラ林に入り、再び急坂をこなし、リョウブの群生地を経て、春はヤマツツジが美しい木段道をひたすら登る。

絶景が広がるパラグライダー離陸場を右に見て、5月はツツジ、秋はススキが映える坂を登る。ツツジ鑑賞路の分岐を右に曲り、白樺食堂を少しすぎたあたりで左折すれば**大和葛城山**の広い山頂に出る。しばし展望を楽しもう。

元の道に戻って北進し、飲料自販機がある四つ辻を左折する。右にキャンプ場を見送るとほどなく、春はショウジョウバカマが咲く**青《あお》**

大きな山頂のモニュメントが立つ大和葛城山山頂

■鉄道・バス
往路＝近鉄富田林駅からタクシーに乗り、水越峠へ。
復路＝河内から4市町村コミバス（便数少ない）に乗り、終点の富田林駅で下車。

■マイカー
登山口と下山口が異なるので、マイカーは適さない。弘川寺の駐車場はサクラの花期には大混雑する。

■登山適期
弘川寺のサクラは4月上旬～中旬、

崩《げ》・**弘川分岐**に着く。これを直進し、電波塔の脇を通って緩やかな坂を下る。しばらく簡易舗装の道が続き、車止めゲートをすり抜ける。**碓井《うすい》谷林道の四つ辻**（右の道の青いゲートが目印）では直進し、未舗装の山道に入る。その先の分岐は右折。直進すると下河内《しもがうち》への道に入ってしまうので要注意だ。

さらに約200㍍弱の三差路を直進すると、大きな**弘川城跡石碑**に着く。すぐの分岐は右折。次を左に曲り、坂をジグザグに下る。林道に合流するとあとは**弘川寺**に下るのみだ。時間が許せば、西行墳や桜山を一巡したい。寺から**河内《かうち》バス停**へはわずかだ。

サクラを愛した西行法師入滅の地には1500本のサクラが咲く

CHECK POINT

1 水越峠の登山口。右下に手洗場がある

2 木段の急坂は、ヤマツツジを鑑賞しながらゆっくり登ろう

3 登路の途中にあるリョウブの群生地。特徴的な樹皮が印象深い

4 満開のツツジの中を山頂に向かう（5月初旬）。背後は金剛山

5 山頂にある宿泊施設、葛城高原ロッジ。ゆっくりコーヒーを楽しむのもよい

6 自販機のある四つ辻を左折する

7 青崩への分岐は直進し弘川寺道を下るこのあたりはショウジョウバカマの大群生地だ

8 車止めのゲートは横からすり抜ける

本坊庭園の樹齢350年のカイドウは4月中旬。大和葛城山のヤマツツジは5月上旬～中旬。ダイヤモンドトレールのコナラの黄葉は11月中旬～下旬。冬の積雪・凍結時は軽アイゼンが必要。

弘川寺本堂と隅屋桜

■アドバイス
▽国民宿舎葛城高原ロッジ（☎0745・62・5083）は、鴨鍋が名物。宿泊・日帰り入浴も可能。
▽弘川城は南朝の忠臣隅屋與一正高の築城。戦に敗れ、境内で自刃した。
▽弘川寺には西行法師の墓と、500年後に彼の古塚を発見した歌僧似雲の墓がある。

弘川寺にある名僧・西行の墓所（西行墳）

■問合せ先
河南町農林商工観光課（4市町村コミバスも）☎0721・93・2500、奈良県御所市観光振興課☎0745・62・3001、近鉄タクシー☎0570・06・9001

■2万5000分ノ1地形図
御所

岩橋山へ
ダイヤモンドトレール
金剛山地
葛城市
奈良県
御所市
平岡
山口
笛吹
梅室
不動寺
葛城ロープウェイ前バス停
320m Goal
くじらの滝
葛城山ロープウェイ
不動の滝
葛城山上駅
くじらの滝尾根コース分岐
リョウブ群生
ショウジョウバカマ群生
五ツ辻
自然研究路分岐
弘川寺分岐
青崩・弘川分岐
大和葛城山
959
四つ辻
白樺食堂
美しい自然林
小さな竹やぶ
天空のハッピーベル
葛城高原ロッジ
ツツジ観賞路分岐
ヤマツツジ
パラグライダー離陸場
水越トンネル
515m
水越峠登山口
Start
祈りの滝
水越川
関屋
近鉄御所駅へ
御所南ICへ
金剛山へ
1:25,000

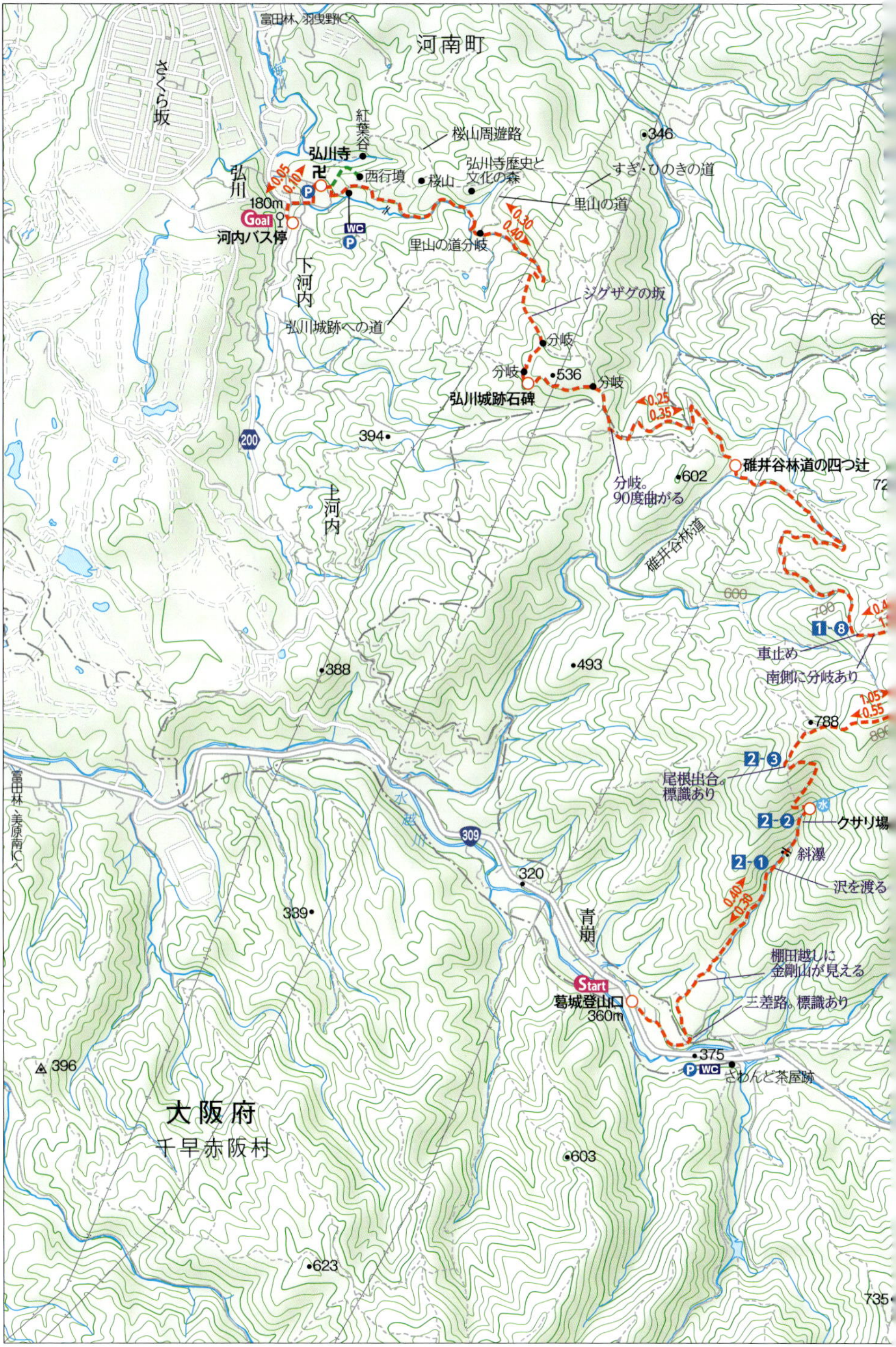
富田林、羽曳野ICへ
河南町
さくら坂
紅葉谷
桜山周遊路
弘川寺
西行墳
桜山
弘川寺歴史と文化の森
すぎ・ひのきの道
346
弘川
180m
Goal
河内バス停
里山の道
里山の道分岐
0.05
0.10
0.30
0.40
下河内
ジグザグの坂
弘川城跡への道
分岐
536
分岐
分岐
弘川城跡石碑
0.25
0.35
200
394
雁井谷林道の四つ辻
602
分岐。90度曲がる
上河内
雁井谷林道
600
700
1-8
車止め
南側に分岐あり
388
493
1.05
0.55
788
2-3
尾根出合。標識あり
水
2-2
クサリ場
富田林、美原南ICへ
水越川
309
斜瀑
2-1
沢を渡る
320
0.40
0.30
339
青崩
棚田越しに金剛山が見える
Start
葛城登山口
360m
三差路。標識あり
375
さわんど茶屋跡
396
大阪府
千早赤阪村
603
623
735

05

山一面を赤く染める、府下最大のヤマツツジの名所

大和葛城山② 天狗谷道

やまとかつらぎさん てんぐたにみち

959m

日帰り

歩行時間=3時間15分
歩行距離=7・0km

技術度 体力度

コース定数=16
標高差=599m
累積標高差 ↗725m ↘765m

↑ヤマツツジに彩られた大和葛城山から金剛山を望む

←天狗谷手前の棚田から眺める金剛山

5月に山頂部に咲くヤマツツジは、「一目百万本」とよばれ、この時期は葛城山ロープウェイに長蛇の列ができる人気スポットだ。ツツジ以外にも、山頂からの大展望、ブナの原生林、滝めぐり、秋のススキ、冬の霧氷など、四季を通じて魅力満載の山である。

葛《かつら》城《ぎ》登《と》山口《ざんぐち》から、来た道を少し戻り、青崩《あおげ》の集落への道を上がる。大きく左にカーブし、次の三差路を左にとって天狗谷《てんぐたに》道に入る。沢を渡ると、左に斜瀑が連続するのが見える。植林の中をしばらく上ると、**クサリ場**が現れる。岩が濡れている時はスリップに注意しよう。

この先の水場で沢筋から離れ、左の山腹を上がる。葛城山への標識が立つ尾根出合までは急坂が続く。明るい尾根道は、やがて山腹を巻いていく。古い堰堤上で小沢を渡り、すぐ右折する。木製の砂防堤をすぎると、ショウジョウバカマの大群落を通る。弘川寺《ひろかわでら》への林道に出たら右をとり、ダイヤモンドトレールとロープウェイ駅からの道が交わる四つ辻に出る。

右に進み、白樺食堂の前で右に登れば、**大和葛城山**の山頂に着く。秋にはススキが穂波をなびかせる広い山頂からは、大阪湾、和

■鉄道・バス
往路=近鉄長野線富田林駅からタクシーで葛城登山口へ。
復路=葛城ロープウェイ前バス停から奈良交通バス近鉄御所駅行きに乗り、終点の近鉄御所駅で下車。
■マイカー
登山口と下山口が異なるので、マイカーは不適。山頂を往復するだけなら、葛城山ロープウェイ葛城登山口駅直下の有料駐車場が利用できる。
■登山適期

泉山脈、金剛山、遠く台高、大峰山脈など大展望を満喫できる。葛城高原ロッジの南側から山腹をめぐるツツジ鑑賞路に足を運ぶのもよい。

下山は白樺食堂の前に戻り、舗装道を下る。自然研究路の分岐をすぎ、**くじらの滝尾根コースの分岐**に着く。ロープウェイで下山する場合は、舗装道を直進するとすぐに駅に出る。

くじらの滝コースに入ると、すばらしい自然林に包まれる。やがて右から遊歩道が合流するが、道なりに下る。美しい小沢に絡むが、この水は飲めない。やがて沢筋から離れて植林帯に入る。分岐を右折して植林の中の尾根道をとり、新しい木製階段をひたすら下っていく。ロープウェイの鉄塔下をくぐり、**くじらの滝**にも寄ってから、**葛城ロープウェイ前バス停**に下りる。

布を引いたような流れが特徴のくじらの滝

CHECK POINT

小沢を徒渉し、天狗谷沿いの道を上る

左側が切れ落ちた岩場にクサリが設置されている。クサリ場は、コース中唯一の要注意箇所だ

山頂まで40分を示す標識が立つ尾根出合。実際はもう少しかかる

木製の堰堤が4つ連続する横を進む

食事、喫茶ができる白樺食堂はハイカーのオアシスだ。焼草団子が名物

葛城山頂ロッジの裏にある「天空のハッピーベル」は、若い恋人たちの新名所だ

美しいくじらの滝尾根コースを下る

ロープウェイの鉄塔下を通っていく

カタクリ、ショウジョウバカマは4月中旬、ツツジは5月上～中旬、紅葉は11月。冬季は積雪や凍結する日があるので軽アイゼンは必携。

自然研究路に咲くカタクリ

自然研究路に咲くイカリソウ

■アドバイス

▽花期には、ぜひツツジ鑑賞路を周回したい。20～30分。▽山頂の北側に、一周約2キロ（1時間15分）の自然研究路がある。ブナ、ミズナラ、カエデなどの自然林が美しい。春にはカタクリやイカリソウなどが咲く。

■問合せ先

河南町農林商工観光課☎0721・93・2500、奈良県御所市観光振興課☎0745・62・3001、近鉄タクシー☎0570・06・9001、奈良交通お客様サービスセンター☎0742・20・3100

■2万5000分ノ1地形図

御所

＊コース図は20・21ページを参照。

06

日帰り

岩湧山① 七ツ道めぐり

いわわきさん 897m　ななつみちめぐり

岩湧山への最短ルートを含む「岩湧の森」からの七ツ道を歩く

歩行時間＝2時間15分
歩行距離＝4・7km

技術度
体力度

コース定数＝12	
標高差＝407m	
累積標高差	↗571m ↘571m

岩湧山の山頂部からは、二上山から金剛山にいたる金剛山脈が一望できる

自然林が美しいきゅうざかの道の上部

岩湧山の北側に、河内長野市が管理する「岩湧の森」があり、ここまでマイカーで入れば、岩湧登山の最短ルートとなる。周辺の自然に関する情報発信を行う四季彩《しきさい》館《かん》を起点に山野草などの自然が豊かな「七ツ道」が整備され、最近は脚試しに1日に全ルートを踏破する人も増えている。

「岩湧の森」内にある岩湧寺は、大宝年間（701〜704年）に修験の祖・役行者《えんのぎょうじゃ》が開山した。多宝塔は国の重要文化財。境内のカヤの大木は河内長野市の天然記念物だ。寺の北側を巻く「いにしえの道」は、5月のシャクナゲ、6月のアジサイ、9月のシュウカ

■鉄道・バス
往路・復路＝南海高野線／近鉄長野線河内長野駅から南海バスで終点の神納下車。四季彩館まで舗装道を徒歩1時間45分。

■マイカー
国道371号新町橋南交差点を右折、T字路を右折し、南青葉台交差点を左折。府道加賀田片添線を南へ約5キロ。「岩湧の森」の無料駐車場を利用。

シュウカイドウ

■登山適期
「岩湧の森」の桜は4月中旬、シャクナゲは4月末〜5月上旬、いわわきの道に多いヤマアジサイは6月〜7月中旬、シュウカイドウは8月中旬〜9月。冬の積雪量はさほど多くなく、軽アイゼンを携行すれば十分。

■アドバイス
▽岩湧山の名の由来は、「峻厳屹立にして其形、湧出るがごとし」と、江

イドウの大群落がみごとだ。
岩湧山へのルートは「七ツ道」をいろいろ選べるが、ここでは代表的な「きゅうざかの道」で登り、「いわわきの道」で下るルートを紹介しよう。

四季彩館から岩湧寺の境内を抜け、林道を右に回り込んで、**きゅうざかの道入口**から文字通りの急登に挑む。途中には休憩ベンチもあるので、自分のペースを守ろう。やがて若いブナなどが混じる美しい自然林になる。

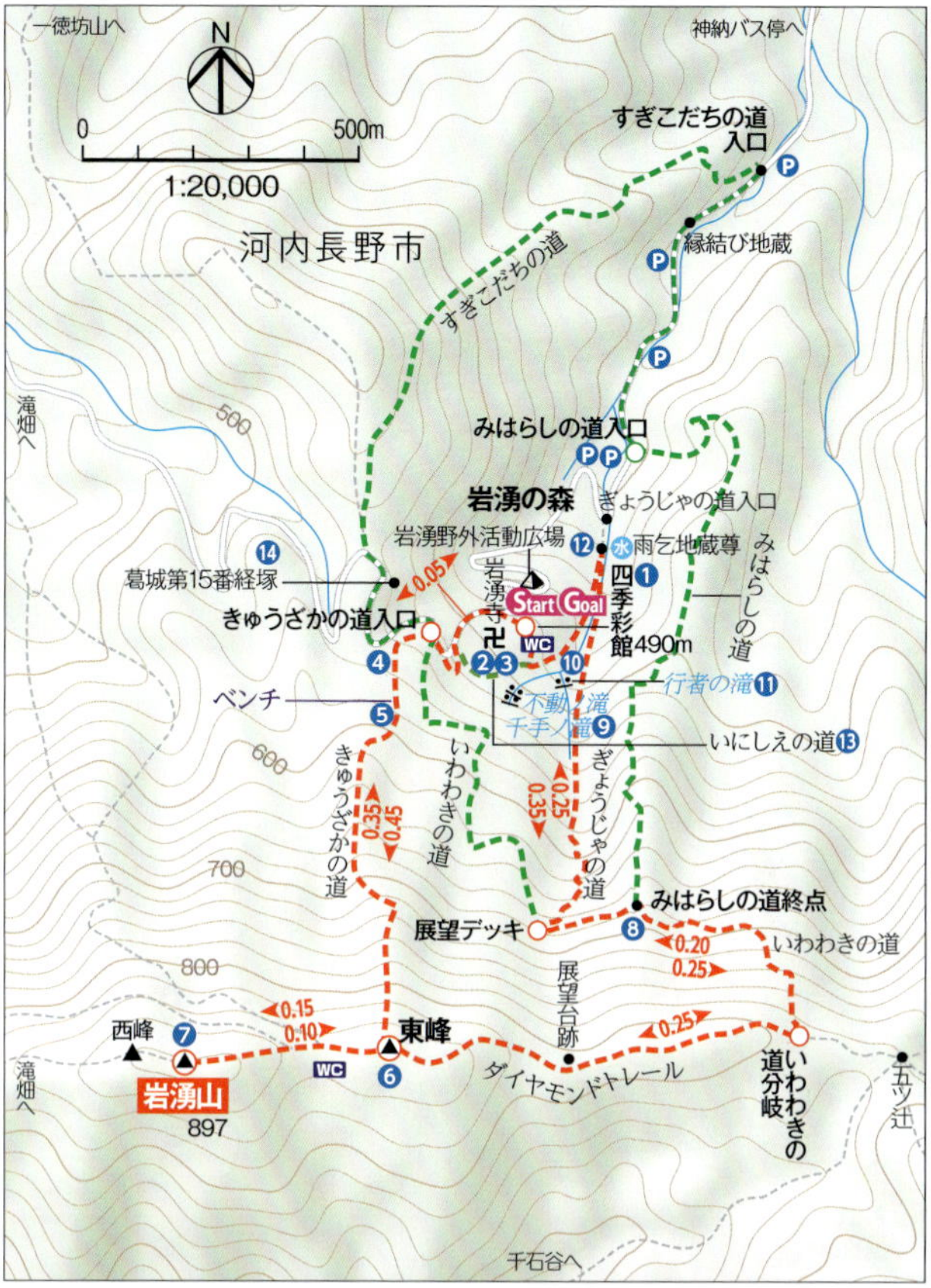

CHECK POINT

七ツ道の拠点となる四季彩館は、ゆっくり休憩するには最適。自然に関するイベントも開催される

8世紀初頭に役行者によって開かれた岩湧寺。コンパクトだが凛としたたたずまいが魅力

岩湧寺の多宝塔（重文）とシュウカイドウ群落

きゅうざかの道は、その名の通り急登が続くが、整備は行き届いている

きゅうざかの道の途中にある休憩ベンチ。無理をせず、ゆっくり登ろう

木立の中の東峰は、ダイヤモンドトレールとの分岐点だ

岩湧山の三等三角点。この少し先にピークがある

いわわきの道の中ほどにある展望デッキからは、大阪湾など北側の眺めが得られる

見とれながら登っていると苦労も半減する。**東峰**《とうほう》でダイヤモンドトレールに合流し、右へ、**岩湧山**のピークを目指す。三角点をすぎ、展望抜群の山頂でくつろごう。

広い山頂にはベンチも置かれ、憩うのによい

CHECK POINT

11 厳寒時には凍りつくこともある行者の滝

10 ぎょうじゃの道から、行者の滝が遠望できる

9 ぎょうじゃの道から見える直瀑に涼を感じる

12 雨乞い地蔵尊には、いつも冷たい水が流れ、暑い時期にはありがたい

13 いにしえの道沿いに咲き乱れるシュウカイドウ

14 林道のカーブミラーから少し山中に入ったところにある葛城第15番経塚

戸末期に出版された「河内名所図会」に記載があるという。

▽四季彩館は、岩湧寺の隣にある、河内長野市が管理運営する施設で、岩湧山の自然に関する情報を発信する。売店や自販機はないが、休憩によい。

■問合せ先

河内長野市環境経済部産業観光課☎0721・53・1111、南海バス河内長野営業所☎0721・53・9043、四季彩館☎0721・63・5986

■2万5000分ノ1地形図

岩湧山

「岩湧」の由来ともなった臥龍洞の岩峰

注：岩湧寺からの「すぎこだちの道」は倒木のため2024年5月現在通行止め(開通予定あり)。

下山は、もとの道を引き返し、**東峰**を直進。植林帯の中、左に古い展望台の廃墟を見て、**いわわきの道分岐**で左をとる。いきなり急坂を下り、山腹を巻くと木橋を渡る。みはらしの道の分岐を見送り、**展望デッキ**に着く。湧き水で喉を潤すのもよい。冬は凍結するので要注意の箇所だ。

右からぎょうじゃの道に入って、スリップに気をつけて急坂を下る。沢筋に沿うと、左に滝が見える。さらに下ると、いにしえの道に合流する。すぐ下の雨乞い地蔵尊の流水は、真夏でもたいへん冷たい。いにしえの道を登り、行者の滝を遥拝し、すぐ先を右にとれば**四季彩館**に戻る。

水量は少ないが、さらに奥に落差のある滝を抱える千手ノ滝（下部）

・**いわわきの道**…下部は比較的緩やかな道。入口から展望デッキまでは、登り25分、下り20分。
・**みはらしの道**…第3 駐車場近くから尾根筋をたどる健脚向きコース。途中で四季彩館周辺が見わたせる。入口から終点まで、登り1時間、下り50分。
・**すぎこだちの道**…第6 駐車場近くから長い階段道を登り、葛城第15番経塚の手前に出る。入口から終点まで、登り1時間、下り40分。
・**いにしえの道**…かつて修験者たちが寺に通った道という。入口（ぎょうじゃの道入口と同じ）から終点まで、登り20分、下り15分。

07

岩湧山②
滝畑から紀見峠

初夏のササユリ、秋のススキが魅力の、大パノラマの名山

いわわきさん
897m

日帰り

歩行時間＝5時間10分
歩行距離＝11・3㎞

技術度 ■□□□□
体力度 ■■□□□

コース定数＝22
標高差＝622m
累積標高差 ↗883m ↘933m

↑槇尾山から見た岩湧山

←山頂部は毎年4月に山焼きが行われるため、草原が維持される（写真は5月）

山頂部に雄大なススキ（カヤト）の草原をもつ岩湧山の姿は、麓からもよく目立つ。淡路島や大峰山脈までも見わたせる山頂の大パノラマや、季節ごとの山野草などに魅かれ、繰り返し訪れるハイカーも多い人気の山だ。

滝畑《たきはた》ダムバス停から南に進み、レストラン・売店の駐車場と公衆

■鉄道・バス
往路＝南海高野線河内長野駅から日野・滝畑コミュニティバスに乗り、終点の滝畑ダムで下車。
復路＝南海高野線紀見峠駅を利用。

■マイカー
滝畑湖畔観光農林組合レストラン・売店（☎0721・64・9285）の有料駐車場を利用。

■登山適期
山頂部は日蔭がないので盛夏は避けたい。ササユリは6月中旬～7月上旬。カワラナデシコ、キキョウ、ナンバンギセルは7月下旬～8月。ススキの穂が銀色に波打つのは10月～11月。冬は、軽アイゼンを携行しよう。

■アドバイス
▽4月上旬、山焼きの作業中は登山道は立入禁止。日程などの情報は河内長野市のホームページで得られる。
▽根古峰の三角点ピークへは、大きな山名標識左横の踏跡をたどれば5分とかからない。
▽越ヶ滝の西にあったキャンプ場は2014年12月に閉鎖。

■問合せ先
河内長野市環境経済部産業観光課☎0721・53・1111（日野・滝畑コミュニティバスを含む）

■2万5000分ノ1地形図
岩湧山

初夏に山頂付近に咲くオカトラノオ

トイレの間からのびる登山道に入ると、ほどなく千石谷《せんごくだに》林道を横断する。木橋をすぎ、**カキザコ**で左に曲がる。美しい雑木林の中、時折、南葛城山を右に眺めながら、緩やかに標高を上げる。植林帯から、急な階段をジグザグに上ると、ベンチが置かれた**扇山《おうぎやま》への分岐**に出る。尾根の一本道を東にたどると、**岩湧山**の山頂だ。

山頂からは、東に金剛山やはるか先に大峰山脈、北に大阪平野、西に大阪湾から淡路島へと、ワイドな眺めが広がる。毎年4月に山焼きが行われるため、草原が維持されている。秋のススキの銀穂たなびく姿は格別だ。

ゆっくり景色を楽しんだら、尾根道を先に進む。初夏には登山道脇にササユリが咲く。三角点、公衆トイレの鞍部、岩湧寺への「きゅうざかの道」をすぎ、緩やかなアップダウンの道を行く。

「いわわきの道」分岐をすぎて、**五《いつ》ツ辻《つじ》**に出る。ここは直進し、この先の錦命水《きんめいすい》でのどをうるおそう。山肌を回り込むように進めば、右に小さな沼が見える。突き当りの簡易舗装の道を左にとり、すぐ先を左へ。このあたりは分岐が多いが、道標が助けになる。

やがて根古峰《ねこみね》の標識を見る。左に自然林が現れ、木製階段を下れば、ベンチが並ぶ**岩湧山三合目**だ。ここで右に折れ、木の階段と、荒れてU字型にえぐれた急坂を下ると、**越《こし》ヶ滝《たき》林道分岐**に出る。沢音のする方に目をやると越ヶ滝が植林越しに見え隠れするが、急な坂道を下りて滝壺近くまで寄れる。

あとは沢沿いの涼しい林道を歩き、道標にしたがって南海高野線**紀見《きみ》峠駅**に着く。

中段がくびれた形の越ヶ滝へは、林道から急坂を慎重に下りて滝壺近くに出られる

CHECK POINT

滝畑湖畔観光農林組合のレストラン・売店。有料駐車場は登山にも利用できる

滝畑売店の駐車場奥から登山道に入る。6～7月はアジサイが美しい

南葛城山の堂々たる山容が見える

岩湧山の山頂付近は、一面のススキに覆われている

岩湧山の山頂には大きな方向表示板が設置されている。後方は和泉山脈の山々

岩湧山山頂から遠く金剛山を望む

岩湧山の東側直下にある公衆トイレ

小さな沼が右に見えたら、突き当りの林道に出て左折する

＊コース図は26・27ページを参照。

08

府県境のロングトレールで体力試し

ダイヤモンドトレール

だいやもんどとれーる

二泊三日

1日目　歩行時間＝6時間15分　歩行距離＝15・5km
2日目　歩行時間＝9時間5分　歩行距離＝19・0km
3日目　歩行時間＝7時間35分　歩行距離＝16・3km

技術度
体力度

コース定数＝**94**

標高差＝1080m

累積標高差
↗3683m
↘3458m

嶽山から見た大和葛城山、水越峠、金剛山

ダイヤモンドトレール（ダイトレ）は、1970年から5年をかけ、大阪府や奈良県などが整備した自然歩道だ。屯鶴峰《どんづるぼう》から二上山《にじょうさん》、大和《やまと》葛城山《かつらぎさん》、金剛山《こんごうさん》、岩湧山《いわわきさん》、槇尾山《まきおさん》へ、約45キロの行程だ。

コースを分けて日帰りで歩くもよし、高山の縦走の足慣らしに全行程を一度に歩くもよし。エスケープルートも多く、道標や階段が整備されていて安心だ。

第1日　起点から大和葛城山

近鉄**上ノ太子駅**《かみのたいし》から、上ノ太子駅前東交差点を左へ、細い道に入り、高速道路の下、線路横を東へ進む。府道703号（香芝《かしば》太子線）に合し、**ダイトレ北入口**から登山道に入る。小さく登り下りして、二上山の西を巻く。万葉の森からは国道を歩き**竹内峠**《たけのうち》に出る。

NTT道路分岐から先は急坂となり、**平石峠**《ひらいし》に出る。岩橋山へはさらに厳しい坂だ。**岩橋峠**《いわはし》でひと息つき、標識にしたがい南下する。平石公衆トイレをすぎ、長い木製階段を登って大和葛城山へ。**葛城高原ロッジ**（要予約）に泊まる。

第2日　紀見峠へ

長丁場なので早立ちしよう。水越《みずこし》峠まで400メートル以上下り、金剛山へ500メートル以上登り返す。**水越峠**からガンドガコバ林道に入り、カヤンボの小橋から山道へ。**一ノ鳥居**で左折し、ちはや園地、伏見《ふしみ》峠を経て**久留野峠**《くるの》に着く。

中葛城山からは西進する。**千早峠**《ちはや》で14時を回るようなら池ノ川林道から下山をすすめる。植林帯を**行者杉**《ぎょうじゃすぎ》、杉尾《すぎお》峠へ。最後の登り坂からタンボ山を巻く。**西ノ行者堂**

■鉄道・バス
往路＝近鉄南大阪線上ノ太子駅。
復路＝槇尾山からチョイソコいずみ（乗合送迎便、要会員登録・要予約）で槇尾中学校前へ、南海バスに乗り継ぎ、終点の和泉中央駅（泉北急行）で下車。

■登山適期
春と秋が最適。尾根道が中心なので水場が少なく、夏場は暑さが最大の敵だ。冬は日が短く時間の余裕がない。氷結に備え軽アイゼンをもとう。

■アドバイス
▽金剛山の香楠荘は閉鎖され、使用不可。
▽厳密にはダイトレの起点は屯鶴峰。近鉄南大阪線二上山駅から屯鶴峰入口の起点標石を見て、穴虫峠を越えて北入口へ。車の往来が非常に激しいので細心の注意を。
▽ダイトレは、二上山・雌岳、大和葛城山、金剛山（湧出岳）のピークは通らないので、時間、体力と相談して立ち寄ろう。

■問合せ先
大阪府南河内農と緑の総合事務所みどり環境課☎0721・25・1131、葛城高原ロッジ☎0745・62・5083、紀伊見荘☎0736・36・4000、チョイソコいずみ☎050・2030・3350、南海バス光明池営業所☎0725・56・3931

からは下り一本だ。山ノ神から舗装道を**紀見峠**《きみ》に出る。宿場跡の坂から**紀伊見荘**《きいみそう》（要予約）へ。

第3日　槇尾山へ

紀見峠に戻る。昨日の下山口の手前左側に登山口がある。葛城第17番経塚から先は急坂が続き、**岩湧山3合目**へ。根古峰《ねこみね》を巻き、南葛城山への分岐は直進し、**五ツ辻**へ。稜線をたどると**岩湧山**だ。

カキザコで右折し、**新関屋橋**《しんせきや》に下る。橋を渡り、民家脇から山道に入る。ボテ峠、番屋《ばんや》峠を経て、槇尾山**施福寺**《せふくじ》に登り返す。参道を下り**槇尾山停留所**へ。

■2万5000分ノ1地形図
古市・大和高田・御所・五條・岩湧山

CHECK POINT

1 屯鶴峰にあるダイトレの起点標石

2 ダイトレ北入口の前は、猛スピードで走り抜ける車に注意しよう

3 サクラ散り敷く二上山「万葉の森」

4 平石峠からは、植林の中の急登となる

5 三角点、ベンチ、ダイトレ標石がある岩橋山の山頂で息を整えよう

6 大和葛城山から金剛山を望む

7 ダイトレを縦走する大会が毎年開かれている（水越峠）

8 カヤンボの分岐で左の山道に入る

9 千早峠は、かつて天誅組が五條代官所の襲撃に向かう際に越えた峠だ

10 植林の中の、西ノ行者堂。南への枝道をたどればすぐに小祠がある

11 紀見峠の公衆トイレは、縦走路中の貴重な設備。大切に利用したい

12 紀伊見荘の温泉で疲れをいやそう（日帰り入浴もできる）

13 五ツ辻にはベンチがあり小休止に向く

14 金剛・和泉山脈が見わたせる岩湧山

15 ダイトレの西の起点、槇尾山の施福寺

Start
上ノ太子駅
45m
太子町
大阪府
奈良県
葛城市
河南町
山田
加納
持尾
春日北
向小路
ダイヤモンドトレール
岩橋山
659
岩橋峠
平石峠
竹内峠
二上山
雄岳
517
雌岳
474
岩屋峠
鹿谷寺跡
万葉の森
NTT道路分岐
三角点
403
展望
ベンチ
急坂

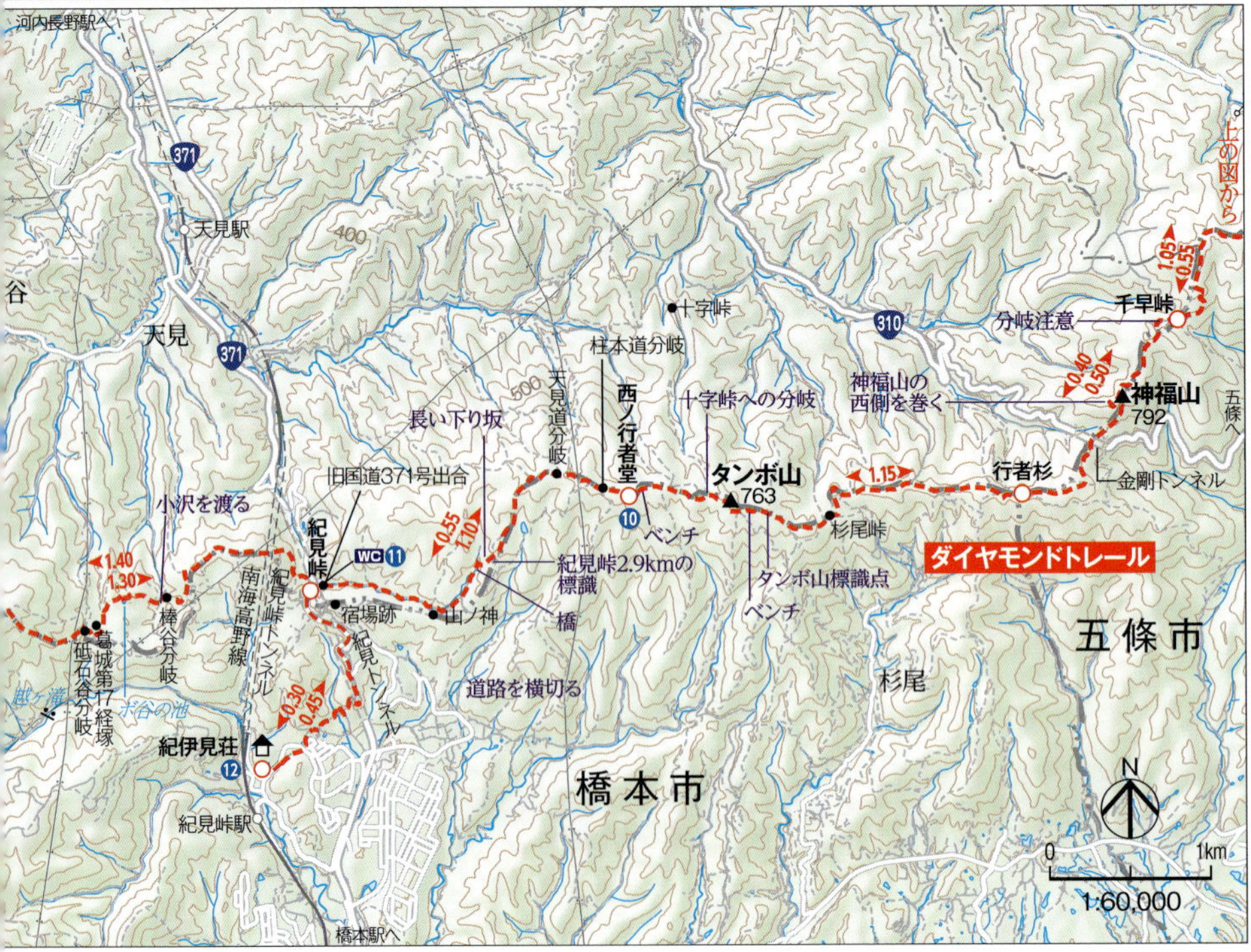

河内長野駅へ
天見駅
天見
谷
上の図から
千早峠
分岐注意
神福山の西側を巻く
神福山
792
五條へ
金剛トンネル
行者杉
1.15
杉尾峠
ダイヤモンドトレール
五條市
杉尾
タンボ山
763
十字峠への分岐
十字峠
柱本道分岐
西ノ行者堂
天見道分岐
ベンチ
タンボ山標識点
長い下り坂
旧国道371号出合
紀見峠
紀見峠2.9kmの標識
橋
山ノ神
宿場跡
道路を横切る
小沢を渡る
南海高野線
紀見峠トンネル
紀伊見荘
紀見峠駅
橋本市
橋本駅へ
0
1km
1:60,000

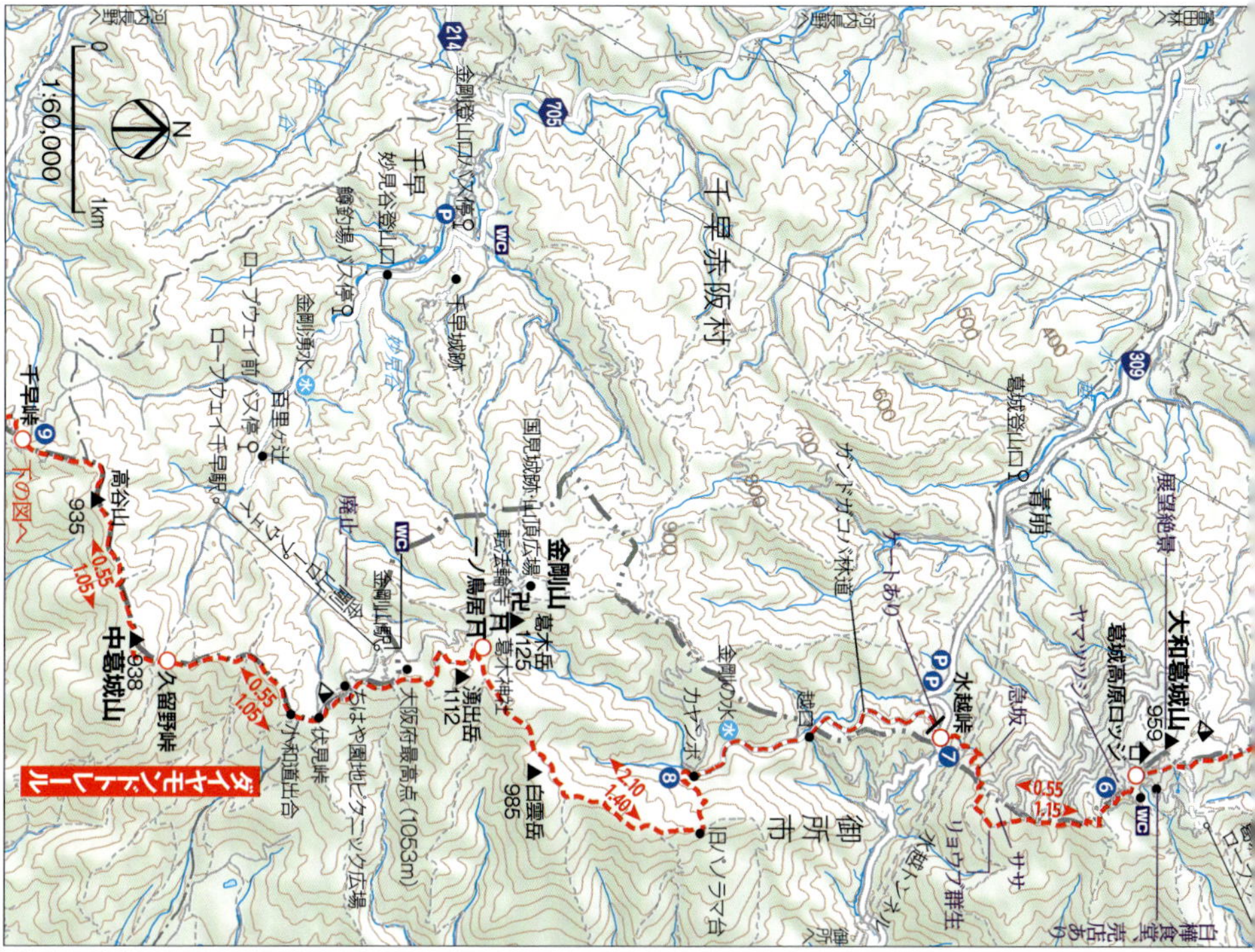
1:60,000
0
1km
N
千早赤阪村
御所市
金剛山
葛木岳
1125
一ノ鳥居
国見城跡・山頂広場
転法輪寺
湧出岳
1112
白雲岳
985
大阪府最高点(1053m)
ちはや園地ピクニック広場
伏見峠
久留野峠
中葛城山
938
高谷山
935
千早峠
下の図へ
ダイヤモンドトレール
千早
妙見谷登山口
千早城跡
金剛の水
カヤンボ
旧パノラマ台
水越峠
ゲートあり
葛城高原ロッジ
大和葛城山
959
白樺食堂
売店あり
眺望絶景
ヤマツツジ
急坂
ササ
リョウブ群生
水越トンネル
葛城登山口
青崩
0.55
1.05
2.10
1.40
1.15

槇尾中学校前停留所、和泉中央駅へ
河内長野へ
河内長野へ
神納バス停へ
61
218
221
228
槇尾山停留所
施福寺
Goal
275m
売店
槇尾山
虚空蔵尊
捨身ヶ岳
600
追分
番屋峠
石垣
ボテ峠
猿子城山
709
滝畑ダム
滝畑
夕月橋
古い標石
滝畑大橋
滝畑ダムバス停
新関屋橋
滝畑売店・レストラン
林道横断
木橋
光滝寺
御光滝
90度右折
カキザコ
南葛城山が見える
扇山
762
鉄塔
雑木林
ダイヤモンドトレール
岩湧山
西峰
東峰
897
絶景
展望台跡
五ツ辻
錦命水
小さな沼
南葛城山方面分岐
幅の広い林道
根古
750
四季彩館
岩湧寺
河内長野市
編笠山
635
一徳防山
544
蔵王峠、かつらぎ町へ
南葛城山へ
三国山へ
0.20
0.30
1.00
0.50
0.40
0.30
1.40
2.15
1.40
1.30

09

府下南限のブナ原生林と渓谷美を楽しむ

和泉葛城山

いずみかつらぎさん
858m

日帰り

歩行時間＝4時間40分
歩行距離＝10・3km

技術度

体力度

コース定数＝20	
標高差＝638m	
累積標高差	↗816m
	↘831m

和泉葛城山《いずみかつらぎさん》は、かつては「宝仙《ほうせん》山《ざん》」とよばれ、修験や雨乞いの山として知られていた。山頂北側には大阪府南限のブナ原生林が広がる。山頂直下まで車で入れるが、ふもとの温泉と組み合わせ、自らの足で歩きたい。

貝塚市コミュニティバスの「は～もに～バス」を終点の**蕎原《そぶら》バス停**で下りたら、右に入る。しばらく進んだ左に、白壁の蔵が見える分岐が登山口。塔原《とのはら》からのびる尾根道につながっている。

尾根道に合流すると、まもなく**枇杷平《びわだいら》**に着く。舗装林道に合流しては、また離れる。夏はササユリが咲く道を進むとブナ群落が現れる。観察用ウッドデッキで、のんびりしよう。小雨の日にはブナの樹肌を雨水が薄いヴェールのように流れ落ち、なんとも美しい。

長い石段を登れば、葛城神社と龍王神社のある**和泉葛城山**の山頂に着く。すぐ西に円筒形の展望台があり、和歌山の龍門山や大阪

山頂南側のあずまやから見た和歌山の龍門山

山頂の西側にはブナの原生林が広がっている

■鉄道・バス

往路＝水間鉄道水間観音駅からは～もに～バス蕎原行きに乗り、終点の蕎原で下車。

復路＝ほの字の里バス停からは～もに～バス水間観音駅前行きに乗り、終点の水間観音駅前で下車。

■マイカー

本谷林道沿いにある渓流園地の有料駐車場を利用。

■登山適期

ブナは新緑の5月、黄葉の10月中旬～11月初旬が秀逸だが、その他の季節も渓谷美がよい。冬の積雪は少ないが、下山道の凍結に備え、軽アイゼンを持参する。

■アドバイス

▽ブナ林は大正12年に天然記念物に指定された。当時、直径30センチ以上のブナは1800本あったが、その後激減したため、大阪みどりのトラスト協会が、植樹や植生回復を図っている。

▽下山は、二十一丁地蔵から大威徳寺を経て牛滝山バス停に下りてもよい（1時間40分）。錦流ノ滝や大威徳寺の紅葉を楽しんだあと、牛滝温泉四季まつり（☎072・479・2641）で入浴できる。

■問合せ先

岸和田市市民環境部環境保全課☎072・423・2121、貝塚市総合政策部魅力づくり推進課☎072

湾のワイドな景観が楽しめる。

下山はまず車道に出て東へ進む。ロータリーで左をとり、すぐ下の**ブナ林の回廊入口**から木道に入る。往路に通過した分岐を横切り「蕎原へ（Aコース）」の標識にしたがい、左の道を下る。ブナの巨樹が連続して現れ、すばらしい。

どんどん標高を下げ、沢筋に下りると、宿《しゅく》ノ谷に**ハシカケノ滝**が見える。小滝が連続する美しい渓流に心が洗われる。**春日《かすが》橋**から先は、夏は渓流園地に来るバーベキュー客で混雑する。本谷林道を歩き、**蕎原バス停**に戻る。ここでバスに乗るのもいいが、入浴、喫茶、軽食ができるかいづかいぶき温泉まで足をのばすと、より充実した山旅になろう。**ほの字の里バス停**で同じバスに乗れる。

・423・2151、南海ウイングバス南部本社営業所☎072・467・0601、は〜もに〜バス（貝塚市）☎072・433・7246
■2万5000分ノ1地形図
内畑

CHECK POINT

白壁の土蔵が見える登山口から山道に取り付く

歩きやすい山道でブナ林をめざす

片方を針葉樹に、片方をブナ林に囲まれた和泉葛城山の山頂には神社がある

山頂南側にあるあずまやからは、粉河方面の眺めがよい

11月初旬は、ブナがみごとに黄葉する

かいづかいぶき温泉（☎072・478・8577）で日帰り入浴が楽しめる。ぬるっとしたいい泉質だ

10 巨石の行場めぐりと好展望が魅力の、北摂を代表する山

剣尾山・横尾山

けんびさん（けんびさん）　784m
よこおさん　785m

日帰り

歩行時間＝3時間25分
歩行距離＝7・5km

技術度 ▲▲▲▲▲（2/5）
体力度 ♥♥♥♥♥（1/5）

コース定数＝**16**	
標高差＝550m	
累積標高差	↗663m ↘608m

長谷の棚田付近から見た剣尾山

剣尾山は、堂々とした山容、古の行場、山頂からのみごとな眺望で人気が高く、北摂を代表する山として知られている。

能勢温泉からキャンプ場を通り抜け、玉泉寺から続く林道に出る。公衆トイレをすぎてすぐの分岐で右に入る。木の階段を登っていくと、いきなり大岩が現れる。大日如来坐像が刻まれた大日岩だ。左の踏跡に入れば1時間弱で行場めぐりができる。巨石群の上からはすばらしい展望が得られ、「摂津大峯」とよばれる当山の魅力が味わえる。ロープが張られた悪場もあり、注意したい。

東の覗から岩谷池（堰堤湖）とトンビカラ付近を眺める

行場から東《ひがし》の覗《のぞき》をすぎれば**行者山**の標識地点。標識がなければ山頂とはわからない。炭焼窯跡を経て六地蔵に着く。このあたり一帯は大阪府指定史跡の月峯寺《げっぽうじ》跡だ。夏は、山頂よりも、木陰があるこの場所で大休止するとよい。最後の急登をしのげば、**剣尾山**の山頂だ。多くの岩が横たわる頂からは、ほぼ360度の大パノラマを楽しめる。東は旧キャンプ場の池の向こうに半国山《はんごくさん》が見え、北は深山《みやま》、西は大船山《おおふなやま》、大野山《おおやさん》を望むことができる。

■**鉄道・バス**
能勢の郷へのバスが廃止され、公共交通機関の利用は現実的ではない（最寄りの阪急バス森上バス停から能勢温泉へ3・3キロ、徒歩約50分）。

■**マイカー**
能勢温泉のフロントで駐車料金を支払い、駐車券をクルマに掲出して指定スペース（約20台）に駐車する。

■**登山適期**
横尾山のアセビが花をつける4月と、登山道わきのツツジが咲く5月が適期。雑木林が色づく11月ごろもすばらしい。ひと冬に数回降雪するが、積雪しても長くは残らない。念のため軽アイゼンがあれば充分だ。夏は日陰が少なく快適とはいえない。

■**アドバイス**
▽能勢温泉の送迎バス（阪急池田駅または能勢電鉄山下駅から）を利用できるのは宿泊または4人以上での食事利用者のみ。
▽行場めぐりは急な岩場やクサリ場など、危険箇所が多い。

■**問合せ先**
能勢町産業建設部地域振興課☎072・734・0001、阪急バス猪名川営業所☎072・766・3912

■**2万5000分ノ1地形図**
妙見山・埴生

北へ続く道をたどり、摂丹国界標石の辻を左にとって下る。鞍部から登り返し、反射板を右に見て2つ目の国境標石をすぎれば**横尾山**の三角点。真向かいに深山が見られる。

南に進み、シカ除けの柵に沿って下れば、やがてアルペン的な岩尾根となる。このあたりの岩峰群を総称して**トンビカラ**とよぶ。鉄塔をすぎ、雑木林の尾根を下る。能勢の郷《さと》の「21世紀の森」に入り、小鳥のテラス、ひと休み峠を経て**能勢温泉**の下に出る。時間が許せば入浴していこう。

能勢温泉では日帰り入浴できる（☎0072・734・0041）

CHECK POINT

1 登山口の手前に、道中唯一のトイレがある

2 巨石が現れると行者山山頂は近い

3 東の覗に立つと高度感は抜群だ

4 月峯寺跡にある六地蔵

5 剣尾山の山頂。山名表示板は「けんぴさん」となっている（国土地理院は「けんびさん」で採用）

6 横尾山山頂からは深山が間近に見える

7 トンビカラの岩尾根

8 ひと休み峠までくれば、あとわずかだ

11

猪名川不動尊から、北摂の山々を一望する露岩の稜線へ

高岳

たかだけ
721m

日帰り

歩行時間＝3時間50分
歩行距離＝10・8km

技術度
体力度

コース定数＝16
標高差＝521m
累積標高差 593m 605m

高岳《たかだけ》は、能勢《のせ》町と兵庫県猪名川《いながわ》町の境にあり、山頂に立つ紅白の鉄塔が目印だ。三草山《みくさやま》山麓から眺める山容は堂々としている。登ると山頂直下の岩尾根から猪名川、三田《さんだ》周辺の里山が一望できる。

杉生《すぎお》バス停から交差点を東へ、のどかな田園風景をたどり、**不動尊口石碑**の分岐で左に進む。猪名川不動尊への橋を渡ると、すぐ右に**高岳登山口**があるが、まずはその奥の猪名川不動尊の不動滝に立ち寄ろう。6㍍ほどの滝だが、威厳がある。

高岳登山口から山道に入り、雑木林の中、沢を4回徒渉する。沢が細くなると右手をZ字に登る。尾根に乗るとすぐ、送電線鉄塔下から、遠く六甲山系、手前に愛宕《あたご》山《やま》、羽束《はつか》山《やま》、大船山《おおふなやま》などの北摂《ほくせつ》西部の山々を一望できる。

稜線をつめ上がると、露岩から西側にゴルフ場と大《おお》

開けた岩尾根に出たら山頂は近い

三草山登山口から見た高岳

■鉄道・バス
往路＝能勢電鉄日生中央駅から阪急バス杉生行きに乗り、終点で下車。復路＝森上バス停から阪急バス山下駅前行きに乗り、終点で下車。

■マイカー
登山口と下山口が異なるので、マイカーは適さない。

■登山適期
雑木林の新緑、黄葉のころがベスト。稜線からの展望を楽しむには冬がよい。冬は軽アイゼンを携行しよう。

■アドバイス
▽猪名川不動尊は、地元では「鎌倉のお不動さん」として親しまれている。約600年前の執権・北条時頼が行脚僧となり諸国を回った折に、ここに滞在したという。境内にはいくつもの石仏が立つ。
▽高岳の稜線に沿って、猪名川変電所からの送電線が2本あるため、鉄塔の巡視路があちこちにのびている。迷い込まないようにしよう。

■問合せ先
能勢町産業建設部地域振興課☎072・734・0001、兵庫県猪名川町企画総務部企画政策課☎072・766・8707、阪急バス猪名川営業所☎072・766・3912

■2万5000分ノ1地形図
妙見山・埴生

野山《やさん》の雄大な山容が望める。東には剣尾山《けんびさん》も見える。開けた岩尾根で南側の絶景を楽しむと分岐に出る。左にすぐで、樹林に囲まれた**高岳**の三角点に着く。さらに少し奥に、高岳のシンボル、紅白の鉄塔が立つ。

先ほどの分岐に戻り、東尾根を下る。二輪車の轍で赤土がV字にむき出しになった坂では、スリップに注意しよう。左側のシカ除けネットも倒れ、痛々しい。中山峠《なかやまとうげ》への分岐、大岩をすぎると、東南側に林業用の作業道がいくつも錯綜する。これに惑わされず、尾根筋を忠実にたどる。**林道出合**ですぐ右の踏跡をとり、植林の中を下る。林道に出てすぐ右の三差路から簡易舗装の道をひたすら下る。

里に出ると左に**庚申塚《こうしん》**がある。大原《おおはら》神社から府道602号に出て、湯小屋《ゆごや》の森《もり》を経て**森上《もりがみ》バス停**へ。

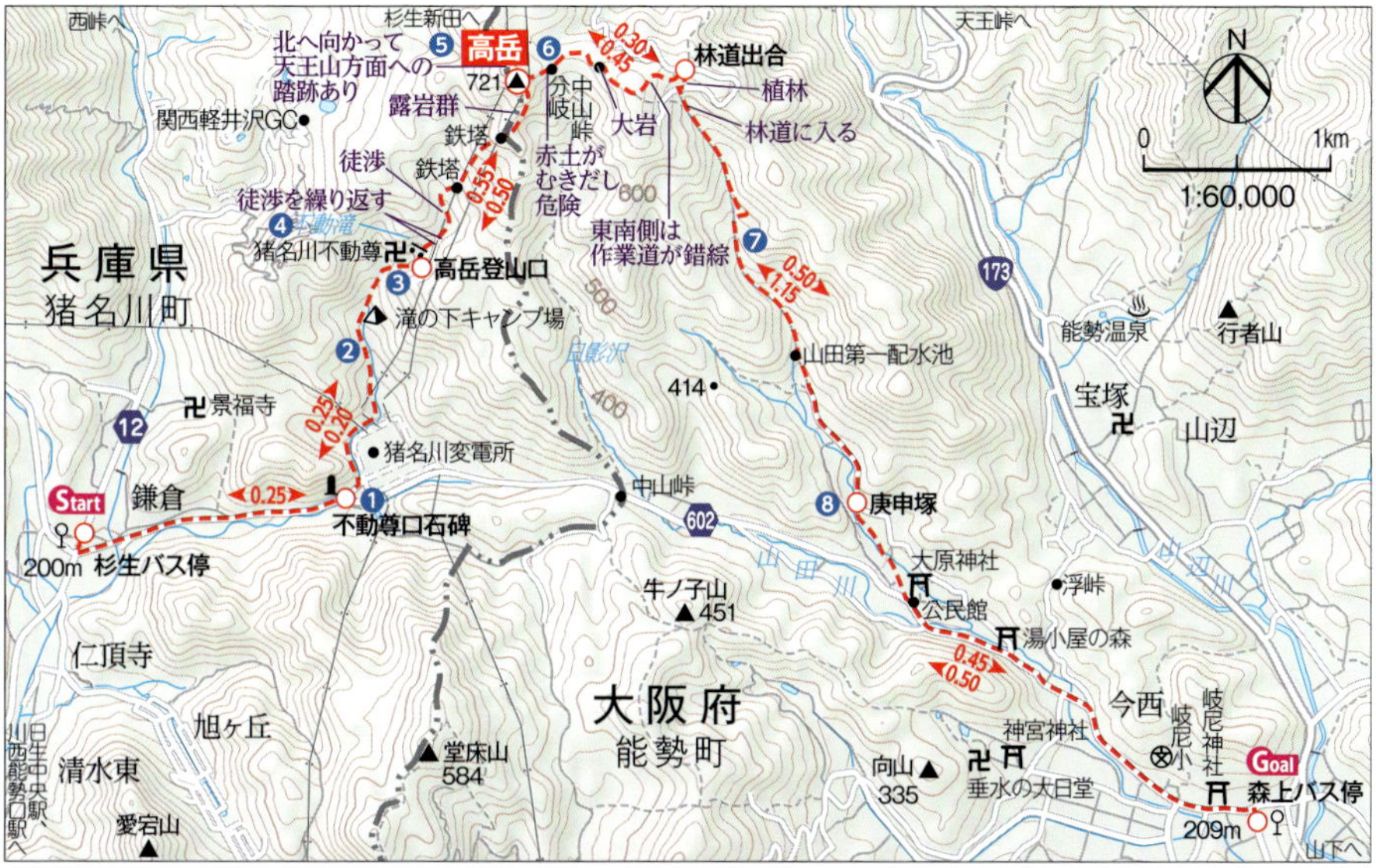

CHECK POINT

「不動尊口」石碑がある分岐を左に進む

台場クヌギが印象的な、猪名川不動尊への参道

北条時頼ゆかりの猪名川不動尊

猪名川不動尊の行場でもある不動滝

三角点がある高岳の山頂。雑木林に囲まれている

赤土が露出したすべりやすい斜面は細心の注意で下ろう

長い簡易舗装の林道をひたすら下る

庚申塚中央の青面金剛は幕末の作という

12

日帰り

隠れた２つの「干支の山」と、ミドリシジミが棲息する森を歩く

牛ノ子山・滝王山・三草山

うしのこやま 451m
りゅうおうざん 570m
みくさやま 564m

歩行時間＝5時間10分
歩行距離＝11・6㎞

技術度
体力度

コース定数＝20

標高差＝361m

累積標高差 682m 682m

垂水付近から見た三草山

見晴らしのよい広場になっている三草山頂上

三草山《みくさ》は、ご飯を盛ったような丸い山容が周囲からよく目立つ秀峰だ。また、ミドリシジミ類の蝶・ゼフィルスが棲息する貴重な山域で、大切に保護されている。ここでは牛ノ子山と滝王山《りゅうおう》を併せた通好みのコースを歩いてみよう。

森上《もりがみ》バス停から府道62号を西へ。岐尼《きね》神社の前を通り、次の角を左折する。大木橋を渡ってすぐ右折し農道を行く。**古い標石のある交差点**を直進して道なりに進み、ため池の横を抜けて樹林帯に入る。最初の分岐を右へ進み、尾根の鞍部に出て右をとる。尾根の南側直下の道はツツジがトンネル状になり心地よい。金井ダムからの林道と合流してすぐ、峠で林道が終わる。右の荒れた踏跡をたどると、**牛ノ子山**のピークに出る。

林道終点に戻り、西へ30㍍ほど下ってV字分岐を左に入る。左からの淵沢の手前で谷筋の道に入ると、明るい稜線に出る。植林に変わると**宮《みや》峠**に着く。直進してすぐのV字分岐で左のえぐれたような尾根道を登る。507㍍三角点を経て、やがて岩がゴロゴロ現れると、**滝王山**山頂の巨岩に着く。岩

■鉄道・バス
往路＝能勢電鉄山下駅から阪急バス口山内、豊中センター、宿野行きに乗り、森上で下車。
復路＝森上から阪急バス山下駅前行きに乗り、終点の山下駅で下車。

■マイカー
付近に駐車場がなくマイカーは不適。

■登山適期
やぶが深くなる夏季は不適。三草山や慈眼寺に桜が咲く4月がベスト。ミドリシジミ、ホタルは6～7月。冬は軽アイゼンを携行しよう。

■アドバイス
▽三草山山頂からは、昼ヶ岳、大船山、羽束山、六甲山系、大阪平野、生駒山系などが広く見わたせ、動植物や山座同定の説明板が立っている。
▽ゼフィルスの森は、大阪みどりのトラスト協会により保護されている。幼虫が食用にするナラガシワなど貴重な自然を守ろう。
▽森上バス停から徒歩約15分にある汐の湯温泉（☎072・734・0021）では、日帰り入浴（休止中）のほか宿泊、食事、喫茶も可。

■問合せ先
能勢町産業建設部地域振興課☎072・734・0001、阪急バス猪名川営業所☎072・766・3912

■2万5000分ノ1地形図
妙見山・木津

の上部に祠がある。

尾根を南東に下り、90度右折してササやぶを分けながら、開けた雑木林を抜けると林道に合流する。椎茸園を見ながら進み、林道の分岐は右へ。次の分岐は直進すると、8本の道が集まる**才《さい》ノ神《かみ》峠**に着く。

木製階段から、美しい雑木林の坂を登ると、広い**三草山**山頂に到着だ。春は桜の花見が楽しめる。西から南にかけてのワイドな眺めがすばらしい。

下山は東南に下る道をとり、ゼフィルスの森をかすめて清山寺跡を経て**慈《じ》眼《がん》寺《じ》**へ。寺前の坂を下って長谷《ながたに》川沿いの農道に出る。あとは大木橋から来た道を戻って**森上バス停**へ。

貴重な蝶がすむゼフィルスの森

CHECK POINT

のどかな垂水の山村を歩く

牛ノ子山に向かう尾根から、三草山と滝王山を見る

林道終点（牛ノ子山分岐）は、峠のような地形になっている

V字分岐は左のえぐれたような道をとり尾根に出る

巨岩の上部に祠が鎮座する滝王山のピーク

8本の道が交わる才ノ神峠は、多田銀山、池田、有馬を結ぶ交通の要衝だった

整然とした椎茸園に北摂の里山らしさを感じる

三草山頂上には山座同定の詳しい説明板が設置されている

13 巨大な仏像が並ぶ寺から、人ずれしていない静寂の山へ

小和田山

おわだやま
612m

日帰り

歩行時間＝3時間5分
歩行距離＝5・7km

技術度
体力度

コース定数＝**12**
標高差＝367m
累積標高差 ↗450m ↘355m

半国山から見た小和田山（木の右横のピーク）

小和田山の山名は、南麓の「小《お》戸《ど》」「和田《わだ》」に由来する。かつて皇太子ご成婚のころ、雅子妃の旧姓にあやかり登山者が増えたことがあるが、その後は元のやぶ山に戻った。道標がほとんどないため、コンパスと地形図は必携。稜線はササ、ノイバラ、サルトリイバラなどのやぶが濃いため、長袖、長ズボン、手袋も必須装備だ。

旧 七面口《きゅうしちめんぐち》バス停から七宝寺《しっぽうじ》への標識に導かれ、30メートルほど進み、右への道に入る。まず右手に湧泉《ゆうせん》寺の駐車場と、清流龍神（湧き水）と契り塚を見る。湧泉寺で右折し、七宝寺の駐車場で右の石段道（**七面山登山口**）を進む。大きな仏像が並ぶ広場から右の坂を行くと、金色に輝く十一面観音に圧倒される。賢者達の立像群、大きな地制観音像をすぎ、林道が大きく右に曲がるところで、暗い谷筋についた目立たない谷道に入る。

左に沢を見ながら、倒木などで荒れた道を、テープを頼りに進む。雨後はぬかるんですべりやすくなる。人工の池を経て、植林の中の四ツ辻に出たら、右の薄い踏跡を拾い、尾根を右に上れば**釈迦《しゃか》ヶ嶽《たけ》**に着く。

七宝寺のシンボル、巨大な黄金の十一面観音

■鉄道・バス
往路＝能勢電鉄妙見口駅からタクシーで旧七面口バス停へ。
復路＝千ヶ畑口バス停から亀岡市ふるさとバスに乗り、終点の運動公園ターミナルで京阪京都交通バスに乗り換えてJR山陰本線亀岡駅へ。千ヶ畑口からのバス便は非常に少ない。事前にダイヤを調べておこう。

■マイカー
七宝寺の駐車場はハイカーには開放されていないので使用不可。千ヶ畑口側にも駐車場はない。

■登山適期
防火帯の稜線にやぶが茂る夏季は不適。新緑の春と10月ごろがチャンス。冬季はハンターに注意。

■アドバイス
▽七宝寺は、修行の寺であり、ハイカーは参拝者のじゃまにならないよう、寺の注意書きにしたがいたい。
▽三角点が鎮座する七面山（470メートル）へは、植林の四ツ辻から西へ、薄い踏跡を拾う。道標も山頂表示もないので、読図力が試される。眺めは得られない。往復35分。

■問合せ先
能勢町産業建設部地域振興課☎072・734・0001、京都府亀岡市産業観光部商工観光課☎0771・25・5034、京都タクシーときわ台営業所☎072・738・0408、京阪京都交通亀岡営業所

北側斜面を下り、丁字路を右折すれば、ほどなく送電線鉄塔に出合い、舗装林道に合流する。林道が大きく左に曲がるところ（小和田山登山口）から、シカ除けの黒い網柵に沿って再び山道に入る。

稜線に出たら左折し、やぶを分けながら進む。この旧防火帯は、今ではウリハダカエデやクロモジなどの樹木が生長している。やぶと格闘しながら小ピークを3つ越えれば**小和田山**の三角点に着く。展望は得られない。

下山は、尾根を先に進み、化ヶ《ばけ》石《いし》を経て雑木林の道を下る。半国山の雄大な山容を見ながら送電線鉄塔を2ヶ所通り、最後はコンクリートの階段を下りて府道731号の**小和田山登山口**に出る。車道を左へ緩やかに下ると**千《せん》ヶ畑口《はたぐち》バス停**だ。

☎0771・23・8000
■2万5000分ノ1地形図
妙見山・埴生

CHECK POINT

1 旧七面口バス停横の道標は文政13(1830)年の建立

2 湧泉寺の契り塚。2つの石を赤紐で結わえて経を唱えると願が叶う

3 釈迦ヶ嶽への登山口。七宝寺の駐車場から右の石段道に進む

4 林道が右にカーブするところから暗い谷道に入る

5 樹林に囲まれた釈迦ヶ嶽（512㍍）のピーク

6 平坦な印象の小和田山山頂

7 鉄塔付近から半国山方面の眺めが広がる

8 階段を下りてバス道（府道731号）に出たところが小和田山登山口。左へ千ヶ畑口バス停に向かう

14

歌垣山

古代のロマンスに思いを馳せる「かがい」の山

日帰り

うたがきやま
553m

歩行時間＝2時間30分
歩行距離＝5・5㎞

技術度

体力度

コース定数＝11

標高差＝308m

累積標高差 510m 500m

七面口バス停前から見た歌垣山

歌垣山男山から見た剣尾山

男山、女山の2峰からなる歌垣山は、古代、若い男女が山に集まり、即興の歌を交わす歌垣《かがい》の場として知られ、佐賀県白石《しろいし》町の杵島《きしま》山《やま》、茨城県つくば市の筑波山《つくばさん》とともに、「日本三大歌垣山」に数えられる。

歌垣山登山口からほんの少し戻り「摂津歌垣山登り口」の石碑から細道に入る。沢沿いに山中に入り、左に3㍍ほどの小滝を見て、秋には朴葉が散り敷く道を登る。コナラ林を経て急坂の植林となり、尾根筋の舗装道に出る。

左へすぐで、**歌垣山・男山**（かがいの広場）に着く。山頂は歌垣山公園として整備され、トイレや休憩舎がある。西側に剣尾山《けんびさん》、羽束山《はつかやま》などが見える。南に10分弱で、展望台と三角点がある**歌垣山女山**（ふれあい広場）だ。展望台からは半国山《はんごくさん》が望める。山頂の東側はかつて「大阪セブンの森」として森林の保護再生が行われていた。

■鉄道・バス
往路＝能勢電鉄妙見口駅からタクシーで歌垣山登山口へ。
復路＝真如寺駐車場からタクシーで妙見口駅へ。

■マイカー
付近に駐車場がないので、マイカーは適さない。

■登山適期
歌垣山のホオノキやリョウブなどの雑木林の新緑が美しい4～5月ごろと、歩きやすい気候の晩秋、空気が澄んだ冬がよい。能勢町の花であるササユリは6月中旬。冬は軽アイゼンを携行。

■アドバイス
▽真如寺駐車場から南に200㍍弱のところにある嶋田酒店（☎072・737・0205）で、能勢の地酒などが買える。ご店主は歴史小説家で、地元の歴史に明るい。
▽旧東中学校前にある地黄城跡は、長く当地を治めた能勢氏の城。2015年に築城400年が盛大に祝われた。

■問合せ先
能勢町産業建設部地域振興課☎072・734・0001、京都タクシーときわ台営業所☎072・738・0408

■2万5000分ノ1地形図
妙見山

そのまま山道を下って堀越峠《ほりこし》に出る。車道を渡り、林道に入る。V字分岐を右にとり、バイク止めのゲートがある峠の四ツ辻で右折する。古い標石の分岐を左進すると、石段下に出る。これを登り、**妙見奥の院**に立ち寄ろう。本堂裏に神馬を祀る祠がある。また、すぐ裏の高台ある梵鐘は1622年の鋳造で、真如《しんにょ》寺を開山した日乾《にちけん》上人の銘文が刻まれている。

先ほどの石段を下り、右に進む。カシの古木が多い参道だ。ジグザグに下ると谷筋に出て、白糸《しらいと》滝の水垢離《みずごり》場の横を抜け、真如寺の境内に裏手から通り抜ける。境内は手入れが行き届き、凛とした雰囲気に包まれている。山門を通り、道なりに下ると旧国道477号に出る。**真如寺駐車場**《しんにょじ》で呼んでおいたタクシーに乗り、妙見口駅へ。

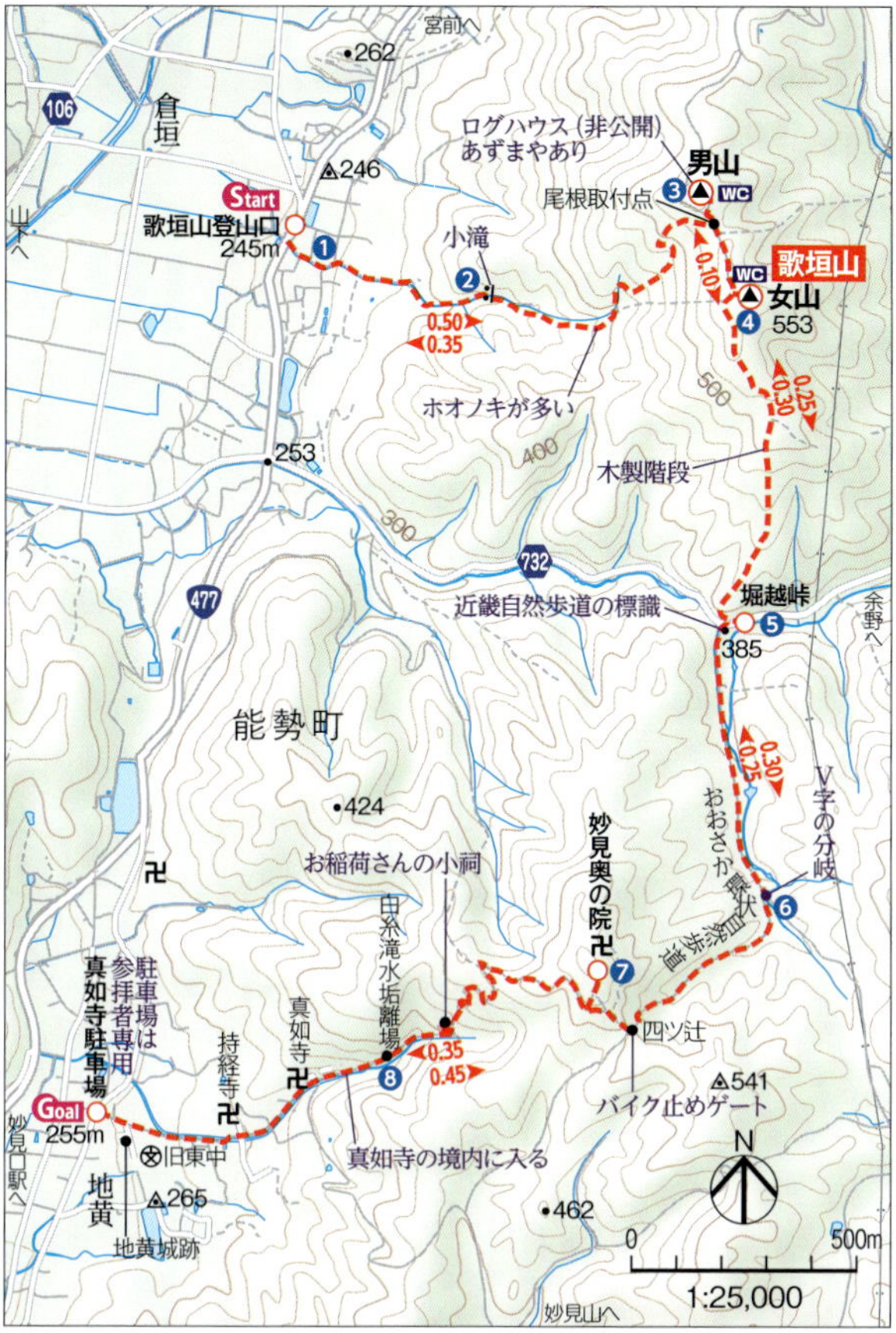

CHECK POINT

1 歌垣山登山口を入るとすぐ左に案内板がある

2 3メートルほどの小滝の横を木道が通る

3 歌垣山・男山の山頂

4 歌垣山・女山の三角点は豪華な方位盤に装飾されている

5 堀越峠で向かいの林道に入る

6 V字の二俣を右へ進む

7 きれいに手入れされている妙見奥の院

8 白糸滝の水垢離場

15

妙見山

みょうけんさん
660m

ブナ原生林が残る府県境の名山「能勢の妙見さん」

日帰り

歩行時間＝2時間50分
歩行距離＝10km

技術度 ■□□□□
体力度 ■□□□□

コース定数＝15
標高差＝444m
累積標高差 ↗580m ↘627m

妙見山は、山頂にある眞如寺《しんにょじ》の境外仏堂が「能勢の妙見さん」として親しまれ、年中、参拝者やハイカーが絶えない。

タクシーを降りたら、まずは樹齢1000年以上とされる**野間《のま》の大ケヤキ**を見ていこう。

見学後は車道（府道4号線）を東に進み、妙見奥ノ院への分岐を見送ってレストランのあるS字カーブで右の未舗装道に入る。薄暗い林の中を進むと、長い石段が現れる。ここが**本滝口**だ。石段を上がり、さらに山道を登って鳥居をくぐる。コンクリートの石段を上がれば**本瀧寺《ほんたきじ》**に着く。紅葉の時期にはカエデが境内を赤く染める。

古びた祠や茶店跡など見ながら登り続ければ、しだいにブナが目につくようになる。妙見山のブナ林は標高600㍍前後の低所にある珍しいもので、大阪府の天然記念物に指定されている。薄暗い森林を抜けると石畳の参道に出る。

迎賓館や古い旅館の立ち並ぶ参道の先に開運殿（本殿）がある。お参りしてから階段を登り、山門をくぐると、ユニークな形の信徒会館星嶺《せいれい》に着く。展望台からは遠く大阪湾が望める。裏手の高台に

山頂付近にあるブナ林は府指定天然記念物となっている。幹周り2㍍以上の樹が100本もあるという

古い旅館や売店が立ち並び、レトロな雰囲気の参道

星嶺は、妙見大菩薩（北斗）と、能勢家の家紋「矢筈」をモチーフにしている

■鉄道・バス
往路＝能勢電鉄妙見口駅からタクシーで野間の大ケヤキへ。
復路＝能勢電鉄妙見口駅を利用。

■マイカー
登山口と下山口が異なるのでマイカーは向かない。山頂を往復するだけなら、妙見口駅前の食堂兼土産物店かめたにの有料駐車場が便利。

■登山適期
山頂や初谷のサクラは4月上旬～下旬、本瀧寺境内のカエデの紅葉は晩秋がよい。本滝口までは車道歩きで日陰がないので、夏は新滝道（旧ケーブル黒川駅～妙見山三角点：1時間10分）を利用するか、初谷を往復するとよい。冬は軽アイゼンを携行しよう。

■アドバイス
▽妙見ケーブルとリフトは、2023年12月に廃止された。
▽初谷は近年の台風や豪雨で登山道が傷んでいる箇所が多く、浮き石に足を乗せたり、路肩を踏み抜いたりしないよう注意したい。

■問合せ先
能勢町産業建設部地域振興課☎072・734・0001、京都タクシーときわ台営業所☎072・738・0408

■2万5000分ノ1地形図
広根・妙見山

登ると彰忠碑があり、奥に**妙見山三角点**を見つける。

駐車場方面への石段を下りきって、未舗装道を左へ鋭角に曲がる。カエデの大木が立つ分岐で右折して初谷《はつたに》コースに入る。一度車道を渡り、山道をまっすぐ下る。再び車道に出たら右折して道路沿いに歩く。**清滝**《きよたき》の分岐で、右手の道標から山道に入る。濡れた石に足をすべらせないよう注意しながら、何度も川を渡る。一帯は「大阪みどりの百選」に指定され、渓谷沿いに、貴重な桜の野生種・エドヒガンが見られる。農村に出るとほどなく能勢電鉄**妙見口駅**に到着する。

CHECK POINT

1 アオバズクがすむ野間の大ケヤキ。幹周りは13㍍を超える

2 室町時代に造られた阿弥陀・六地蔵磨崖仏。野間には石仏や板碑が多い

3 S字カーブのミラーの脇から未舗装道に入る

4 本滝口の長い石段。幅が狭いので注意して歩こう

5 境内のカエデが美しい本瀧寺

6 能勢妙見山の本殿前にはヒノキの巨木が立ち並ぶ

7 大きな看板のおかげで三角点を見落とすことはない

8 初谷川に沿って歩くので、夏でも涼しく快適だ

16

地蔵の道から古刹を訪ね、忘れられた城跡をめぐる

高代寺山

こうだいじやま
489m

日帰り

歩行時間＝2時間20分
歩行距離＝5・1km

技術度
体力度

一庫ダムからみた高代寺山の堂々たる山容

静寂に包まれた高代寺の素朴な本堂

妙見山《みょうけんさん》の西に横たわる高代寺山の名は、「高野山に代わる山」として中世に栄えた高代寺に由来する。南に住宅街が迫り、北はゴルフ場であるが、残された里山をのんびり歩いてみたい。

能勢電鉄**妙見口《みょうけんぐち》駅**から車道を北に行き、最初の分岐で左の緩やかな坂を登る。妙見山の雄姿を振り仰ぎ、旧山下道を左から迎えると、素朴な六地蔵を見る。さらに町石や六体の地蔵と祠を見ながら、棚田跡が残る谷道に入る。整備中の竹林の斜面を登りきると、舗装林道に合する。右に進めばすぐに、**閼伽井《あかい》神泉**に着く。

林道を少し戻り、分岐を右へ。高代寺の霊園管理事務所の前を通り、さらに少し先で右へ、ドコモの無線中継所への道をとる。50メートルほど登ったら右に折れ、数段の石段は見送り、未舗装林道を左に折れる。林道が尾根を左に巻くあたりで右へ、細い踏跡を登ると、能勢テレメーター中継局が建つ**高代寺山**山頂に着く。

閼伽井神泉まで元の道を戻り、そのまま直進すると、清和源氏ゆかりの古刹・高代寺に着く。寺務所横で飼われているクマの「とよ

コース定数	＝9
標高差	＝299m
累積標高差	↗ 320m ↘ 320m

■**鉄道・バス**
往路・復路＝能勢電鉄妙見口駅を利用する。

■**マイカー**
妙見口駅前に食堂兼土産物店かめたにの有料駐車場がある。

■**登山適期**
竹やぶや霊園があるので、夏場は蚊が多く難渋する。秋の紅葉、冬の雪化粧、春の新緑、それぞれに印象を変える妙見山を眺めるのがよい。

■**アドバイス**
▽高代寺は、10世紀後半、源満仲の本願により仁和寺の寛空僧正が開いた真言宗の寺。一時、50以上の末寺をもち、女人高野としても栄えたという。境内のコウヤマキは、豊能町の保護樹木。
▽吉川は清和源氏発祥の地で、10世紀後半には砦があった模様。近世では1492年に吉川豊前守長仲が吉川城を築いた。
▽吉川城址から100メートル強、東に下り、右手の踏跡の赤テープをたどると、数10メートルで一ノ石、二ノ石がある。踏跡はかなり薄くなりつつある。

■**問合せ先**
能勢町産業建設部地域振興課☎072・734・0001、能勢電鉄山下駅☎072・794・0008

■**2万5000分ノ1地形図**
妙見山・広根

くん」に挨拶したら、階段を登り、本堂を参拝しよう。

不動堂の右手から竹林に続く道をとり、吉川《よしかわ》高代寺五輪塔を経て、地蔵が並ぶ下山路を見送る。峠の分岐では、道が窪んでいて、右の稜線へ続く小道が見えにくいので注意する。

落ち葉が積もるクヌギ林の尾根を東へたどると、今でも曲輪跡が見て取れる**吉川城址**に着く。木々の間からは、妙見山と振野《ふるの》方面が望める。

下山は、稜線をさらに東に進み、鞍部で南に下る。薄暗い林の中、荒れ気味の道を下ると、コジイの自生北限地という**吉川八幡神社**に着く。あとは里道に出て、**妙見口駅**に戻る。

吉川城址から下山中に見える妙見山

CHECK POINT

1 妙見口駅をスタートして最初の分岐を左にとる

2 ひとつの岩に並んで彫られた六地蔵

3 石垣が残る棚田跡を見ながら谷筋の道を登る

4 整備された竹林に置かれたベンチは休憩に好適

5 こんこんと清水が湧き出る閼伽井神泉

6 ドコモの電波塔への道に入り、山頂を目指す

7 高代寺山の三角点は、能勢テレメーター中継局の横にある

8 源頼仲が吉川城在住の1065～1069年間に創建したという吉川八幡神社

17 石仏の里から、オオタカが棲み、ミツマタが薫る森へ

青貝山

あおがいやま
391m

日帰り

歩行時間＝3時間35分
歩行距離＝8.0km

技術度
体力度

コース定数＝**15**
標高差＝315m
累積標高差 595m 635m

緑の深い稜線から、高代寺山が望める

西にときわ台、南に箕面森町《みのおしんまち》の住宅街が迫る青貝山には、オオタカが棲息する貴重な自然が辛うじて残されている。豊能町《とよの》川尻《かわしり》の石仏群から光明山《こうみょう》、天台山《てんだい》をつないだミニ縦走コースで森林浴を楽しみたい。

平野《ひらの》バス停から、内田橋を渡り、最初の分岐を直進。次の分岐は左に折れる。広い車道に出たら、すぐの分岐を右折する。100㍍ほど先のガードレールの下に隠れるように、北ノ谷磨崖仏がある。2本目の道を左折し、ユーモラスな多尊石仏を通る。北ノ谷のバス停跡を右折すると、**法輪寺《ほうりんじ》**に着く。

川尻付近から見た光明山

法輪寺の左手、川尻法輪の塔の脇の坂道を登る。100㍍弱で左に鋭角に折れ、獣除けの柵を越える。つづら折りの坂を登ると、左に車道が迫る（**車道出合**）。いったん、登山道を直進し、**光明山**のピークを踏もう。樹林に囲まれた頂でひと休みしたら、車道出合に戻り、車道に出て左へ。カーブを曲がると切通しに沿った坂を上がる。林道に合流し、広場に出て無線中継局に向けて登る。そのすぐ先の暗い植林の中に**天台山**三角点

■鉄道・バス
往路＝阪急宝塚線池田駅から阪急バス余野行き、牧行き、希望ヶ丘4丁目行きに乗り、平野で下車。
復路＝森町里山住宅口から阪急バス千里中央行きに乗り、終点の千里中央で下車。

■マイカー
登山口と下山口が異なるためマイカーでのアプローチは不適。

■登山適期
低山なので盛夏は不適。新緑の春、秋の紅葉の時期がベスト。冬は積雪に備え軽アイゼンを携行しよう。

■アドバイス
▽当コースには水場、トイレはない。全般に分岐が多いが、尾根筋をはずれないようにすれば間違いはない。
▽トンボ池分岐から西に下った光ヶ谷に、ミツマタの大群落がある。花期は3月中旬～下旬。
▽青貝山から北側の尾根道をとり、吉川峠を経て能勢電鉄妙見口駅に出るルートもある（1時間20分）。

■問合せ先
豊能町農林商工課☎072・739・0001、箕面市地域創造部箕面営業室☎072・724・6905、阪急バス豊能営業所☎072・739・2002、阪急バス箕面森町出張所☎072・750・0080

■2万5000分ノ1地形図
広根・妙見山

がある。

　広場に戻り、「緊急通報ポイント16」の標識の方向にのびる道をとる。ジグザグの坂を下り、しばらく稜線を進むと、青貝山の**東・西コース出合**に出る。左に進むと、アカマツ、クヌギが中心の美しい雑木林に変わる。送電線鉄塔をくぐり、トンボ池の分岐を左へ。右に高代《こうだい》寺山《じやま》を見て、緩やかな坂を上がると、落ち着いた雰囲気の**青貝山**の山頂に着く。

光ヶ谷にあるミツマタの大群落

　オオタカ保護の標識の横から、長い固定ロープに沿って急坂を下りる。やがて遊歩道に合流すると、「展望の道」の標識にしたがい、山腹を巻いて住宅街の端に出る。南へ5分ほどで**森町里山住宅口バス停**に着く。

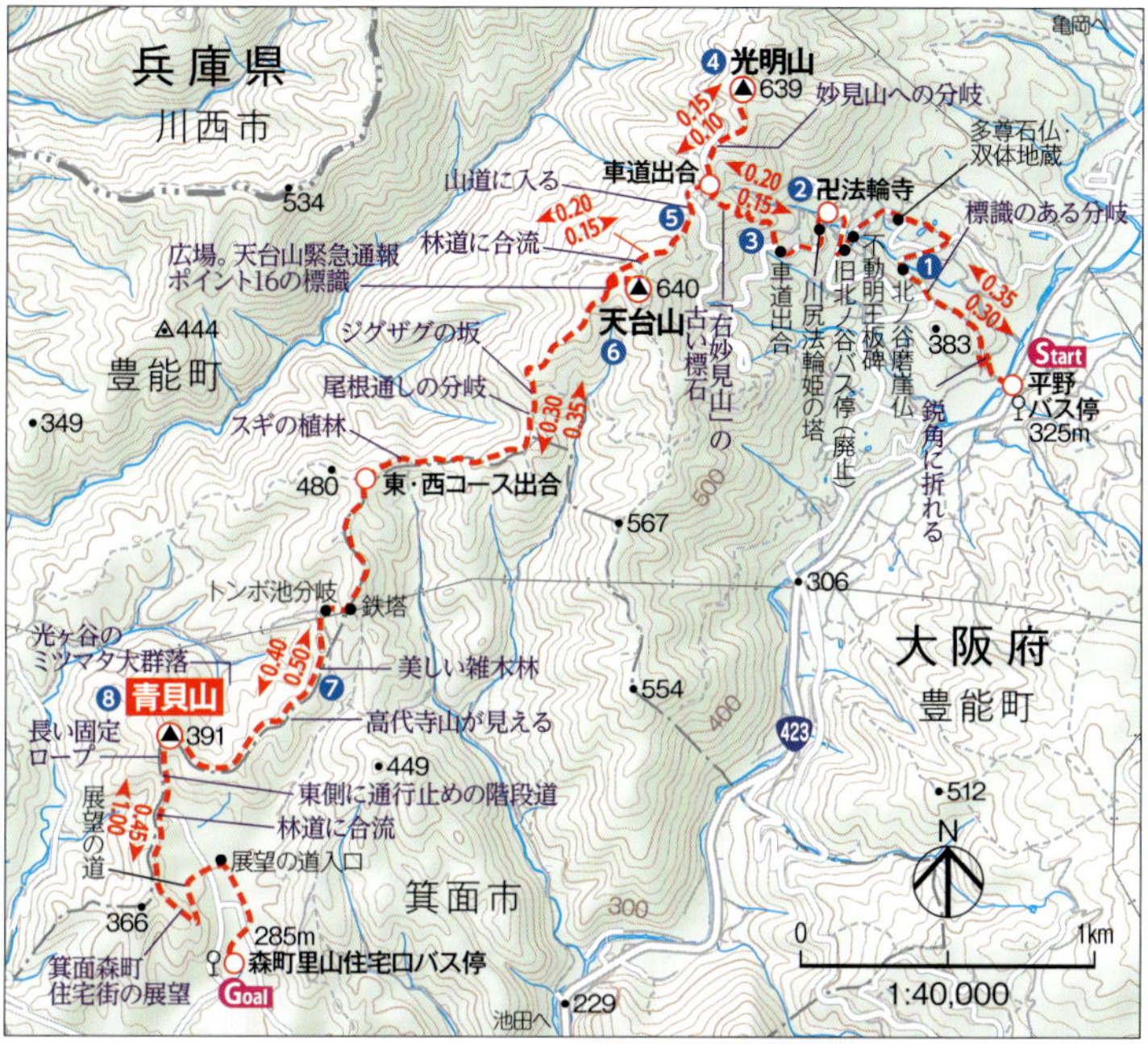

CHECK POINT

ガードレール下にある、苔むした川尻北ノ谷磨崖仏。1548年建立

760年、桓武天皇の兄・開成皇子が創建したと伝わる出世大黒天法輪寺

川尻法輪の塔から坂を上り、最初の分岐で山道に入る

樹林に囲まれた光明山（639㍍）の山頂

車道を離れ、切通しに沿って坂道を上がる

天台山（640㍍）の三角点は暗い植林の中に鎮座する

青貝山へは、美しい雑木林の尾根が続く。野鳥のさえずりも多くなる

なだらかな広場となっている青貝山の山頂

牧から見た秋の鴻応山

18

のどかな山村に似合う「豊能富士」から名水の小社へ

鴻応山

日帰り

こうのやま（こうおうさん）
679m

歩行時間＝2時間50分
歩行距離＝5・6km

技術度

体力度

コース定数	＝10
標高差	＝320m
累積標高差	337m / 306m

昔、この山にコウノトリが棲んでいたことが山名の由来。妙見山《みょうけんさん》を抑え、豊能《とよの》町の最高峰であり、「豊能富士」ともよばれている。牧《まき》の田園から見上げる堂々たる山容が印象的だ。

西野《にしの》バス停から少し茨木方面に戻り、石灯篭のある角をすごして次の道を左折する。竹林と山村風景を楽しみながら登ると、豊能町保護樹木のカヤの巨木の前を通る。**寺田《てらだ》公民館の角**を鋭角に左折して林道を西に行き、栗園の右手が**登山口**だ。

草深い山道に入ると、しばらく栗園に沿う。やがて強烈なササのブッシュとなり、続いて倒木帯が行く手を阻むが、それもしばらくの辛抱で**寺田・牧コース合流点**に出る。

暗い植林へ続く杣道を見送り、雑木林が美しいトラバース箇所を経て、東西にのびる稜線に出る。左へ5分ほどで、三角点がある**鴻応山**の山頂だ。南側がシバグリなどの雑木林、北側がヒノキの植林で、眺めは得られない。

樹間を渡る風の音に耳を傾けたら、元の道を**寺田・牧コース合流点**まで忠実に戻ろう。右折して植

南側が雑木林の鴻応山の山頂

■鉄道・バス
往路＝大阪モノレール彩都西駅から阪急バスに乗り、西野で下車。北大阪急行箕面萱野駅から阪急バスで余野に出て、彩都西駅行きに乗り継ぎ、西野で下車する方法も。
復路＝牧から阪急バスで阪急池田駅へ。午後は15時台の1便のみ。余野まで20数分歩けば便数は増える。

■マイカー
西野、牧ともに周辺の林道が細く、マイカーでのアプローチは不適。

■登山適期
やぶが濃くなる晩春から夏、初秋までは不適。冬は里にうっすらと雪が積もることもある。

■アドバイス
▽「乳の泉」の由来は、母乳の出が悪かった嵯峨御所の皇女が、白蛇のお告げでこの水を飲んだところ、たちまち乳の出がよくなったことによる。古来どんな干ばつの年にも、この泉は涸れたことがないという。
▽西野バス停前に飲料の自販機がある。山中に給水ポイントはない。

■問合せ先
豊能町農林商工課☎072・739・0001、阪急バス茨木営業所☎072・643・6301、阪急バス豊能営業所☎072・739・2002

■2万5000分ノ1地形図
法貴・妙見山

林の中、牧コースを下る。やがて簡易舗装の道に変わり、竹やぶにさしかかったところで獣除けの柵を越えると、すぐ先で民家の脇に出る。田園風景に懐かしさを感じながら**国道出合**へ。

せっかくなので、まず右に折れ、京都府に入って**市《いち》杵《ぎ》島《しま》姫《ひめ》神社**（御手洗《みたらい》弁天）に立ち寄ろう。双の乳房を形どった鉄製の取水口（乳の泉）から清冽な水がこんこんと湧いている。いつも水汲みの人があとを絶たない名所である。国道を南に進むと、**牧バス停**に着く。

清水をたたえた市杵島姫神社

CHECK POINT

1

西野バス停から、茨木方面に少し戻る

2

バス道沿いにある素朴な石灯籠

3

豊能町保護樹木の大カヤに圧倒される

4

栗園の右手が登山口だ

5

寺田・牧コースの合流点にある標識

6

尾根に出る手前の、雑木林が美しいトラバース地点

7

南側が雑木林の鴻応山の山頂

8

のどかな牧の集落に出る

19 五月山

ファミリーハイクに最適の、府下有数の桜の名所

さつきやま
315m

日帰り

歩行時間＝2時間45分
歩行距離＝4・8km

技術度
体力度

コース定数＝10
標高差＝259m
累積標高差 322m 356m

秀望台からは六甲山地や池田市街、大阪市内が一望のもとだ

五月山連山は、池田市街の北から北東に続く尾根を指す。五月山というピークはないが、日の丸展望台の裏にある千代山《ちよやま》三角点が最高点だ。複数のハイキング道が整備され、春は花見の家族連れでにぎわう。ここでは、中でも山深さを感じられる杉ヶ谷《すたに》コースを登り、展望が楽しい大文字コースを下ってみよう。

秀望台の直下には「大一」のかがり火の火床がある

五月山公園大広寺《だいこうじ》バス停から、まず旧池田城主・池田氏の菩提寺である大廣寺《だいこうじ》に立ち寄ろう。児童文化センター、娯三堂《ごさんどう》古墳の横を通り、緑のセンター温室の左が**杉ヶ谷コース入口**で、ここから登山道に入る。次のひょうたん島コースとの分岐は右へ。沢沿いに標高を上げ、砂防堰堤を鉄製階段で越え、背の高い樹林の中を行く。

杉ヶ谷コース終点で自然とのふれあいコースに合流し、右に行く。ササが茂る疎林を巻いて、サクラに囲まれた市民の森の休憩所に着く。

ドライブウェイを渡り、霊園の脇を抜けると**日の丸展望台**に着く。北に能勢《のせ》の山々、南東に生駒《いこま》、金剛《こんごう》、和泉《いずみ》の山々まで見わたせる。千代山三角点は展望台と石碑の間の踏跡を30m《メートル》ほど分け入ったところにある。

■鉄道・バス
往路＝阪急宝塚線池田駅から阪急バス1系統（大阪国際空港行きなど）に乗り、五月山公園大広寺下車。
復路＝阪急池田駅を利用。

■マイカー
五月山体育館の東隣に有料駐車場がある。

■登山適期
五月山にある3万5000本のサクラは4月初旬、5月のサツキもよい。自然とのふれあいコースの雑木林の紅葉は12月初旬。

■アドバイス
▽大廣寺本堂玄関前の血天井は、永正5（1508）年の家督争いの戦いで、池田貞正らが自刃した跡という。
▽サブコースに、望海亭コース（公園総合案内所〜望海亭跡＝20分）、五月台コース（児童文化センター〜五月台＝30分）、ひょうたん島コース（緑のセンター〜ひょうたん島＝30分）、大文字のかがり火の点火場所を通る五月平高原コース（山の家〜日の丸展望台＝45分）がある。

■問合せ先
池田市市民生活部観光・ふれあい課☎072・754・6244、阪急バス石橋営業所☎072・761・8318

■2万5000分ノ1地形図
広根・伊丹

下山は、まず**杉ヶ谷コース終点**まで戻り、直進する。車道の直下を並行しているのだが、思いのほか自然が豊かだ。木製の吊橋を経て、一度車道に絡みながら再び山中に入り、望海亭《ぼうかいてい》コースへの分岐を見送ると、再び車道に出る。道を渡り、**五月台**《さつきだい》から川西、六甲方面の眺望を楽しもう。大文字コースの階段を下って**秀望台**《しゅうぼうだい》から新猪名川大橋（ビッグハープ）を直下に眺める。五月山動物園を右に見つつ住宅街に下り、サカエマチ商店街を抜け阪急**池田駅**にいたる。

自然とのふれあいコースも、春にはサクラで彩られる

ウォンバットが自慢の五月山動物園は、家族連れに人気のいやしスポットだ

CHECK POINT

大廣寺山門に刻まれた白龍は、一見の価値がある

サクラ咲く児童文化センターの横を通る

ひょうたん島コースとの分岐は右の杉ヶ谷コースを行く

杉ヶ谷コースの堰堤は鉄製の階段ができて安全に通過できるようになった

自然とのふれあいコースに合流すると、ササと疎林の美しい風景となる

サクラに囲まれた日の丸展望台

五月台からは、六甲から北摂西部の山々までが広く見わたせる

公園案内所付近は桜並木が続く

20

箕面市民に親しまれるハイキングコース

六個山

ろっこやま（ろっかやま）
396m

日帰り

歩行時間＝3時間
歩行距離＝5・3㎞

技術度
体力度

コース定数＝11
標高差＝289m
累積標高差 435m 461m

箕面市新稲から見た六個山

低山なので紅葉は12月に入ってからが見ごろだ

六個山は、阪急箕面《みのお》駅の北西にある里山で、南麓は箕面市の野外活動センター「オルタナの森・Minoh」として整備されている。手軽なハイキングが楽しめる市民の山である。

新稲《にいな》バス停から西に進み、最初の角を右折する。教学の森のゲートを抜け、**西尾根コース入口**から登山道に入る。ツバキやアカガシを見ながら、落ち葉を踏みしめ、階段の急坂を登る。尾根に出て、海抜256㍍の標識が立つ休憩ポイントでひと息つこう。

海抜290㍍の標識からは麓の雑木林が一望できる。黒っぽいリンボクの大樹の坂を行くと登山道が二分するが、どちらをとっても大差なく**六個山**の広い山頂に着く。三角点が据わり、「海抜395㍍」標識の背後に大輪の白いサザンカが咲く。雑木林は手入れされ、箕面、豊中、大阪市内方面の眺めが開ける。

山頂からは、東尾根コースへの道標に導かれて坂を下りる。エンピツ型の標石が立つ中尾根との分岐を直進すると、あおぞら展望台に着く。生駒、金剛の山並み、大阪湾から淡路島まで見える日もある。続いてわくわく展望台からの眺めもすばらしい。

いったん、りっぱな林道に出て左に進むと、広々とした**ハート広場**に出る。のどかな気分になれる

■**鉄道・バス** 往路＝北大阪急行千里中央駅から阪急バス呉羽の里（循環）に乗り、新稲で下車。または阪急池田駅から阪急バス呉羽の里行きなどに乗り、東畑で下車。復路＝阪急箕面駅から帰途につく。

■**マイカー** 登山口と下山口が異なるので、マイカーは適さない。

■**登山適期** 秋から新緑のころが適期。マツや照葉樹が多いので、冬でも緑が豊かだ。コース中に水場がなく夏場は避けたい。桜広場のサクラは4月上旬。

■**アドバイス** ▽六個山は、江戸時代に平尾（箕面）、西小路、牧落、半町、桜、瀬川の6村が共同管理していたため、六個山とよばれるようになった。
▽オルタナの森（☎072・743・9007）では、グランピングやBBQ、食事・喫茶などが楽しめる。
▽複数ある遊歩道が入り組み、分岐が非常に多いので、こまめに地図とコンパスで位置を確認しよう。

■**問合せ先** 箕面市地域創造部箕面営業室☎072・724・6905、阪急バス石橋営業所☎072・761・8318

■**2万5000分ノ1地形図** 広根

広場で森林浴を楽しもう。

下山道は複数あるが、広場を北端に抜け、ささゆりコースに出てみよう。稜線に出たら右折する。南側への分岐が多いが、ほとんど道標が立っている。一貫して桜谷《さくらたに》コースを目指せば間違いない。**桜谷コース分岐**で右折し、照葉樹林に覆われて薄暗い桜谷をひたすら下るが、雨後は少しすべりやすいところもある。箕面公園の遊歩道に出て右に進むと、桜広場に出る。

あとは土産物店街へと下ると、**箕面駅**は近い。

わくわく展望台からの広大な眺望

CHECK POINT

西尾根コース入口から登山道に入る

ヤブツバキの並木が出迎えてくれる

海抜290㍍標識点からは美しい雑木林の尾根が幾重にも重なる

三角点がある六個山の山頂

広い山頂直下からの大阪方面の眺め

ゆったりとした時間が流れるハート広場

桜谷コース分岐では右に折れ、谷道に入る

桜広場にも展望台がある

21

日帰り

勝ち運の寺から由緒ある山々を経て箕面滝へ

最勝ヶ峰・天上ヶ岳

さいしょうがみね　530m
てんじょうがたけ　500m

歩行時間＝6時間20分
歩行距離＝15・0㎞

技術度
体力度

コース定数＝28
標高差＝428m
累積標高差 1148m 1179m

紅葉の勝尾寺と、背後にそびえる最勝ヶ峰

紅葉が進む箕面滝（11月下旬）

勝ち運の寺・勝尾寺《かつおうじ》の背後にそびえる最勝ヶ峰は、桓武天皇の兄・開成《かいじょう》皇子の墓所でもある。天上ヶ岳は、役行者《えんのぎょうじゃ》の入寂の地といわれ、瀧安寺《りゅうあんじ》の奥の院とされている。さらに紅葉の名所で有名な箕《み》面《お》滝をめぐる、ぜいたくなコースを歩いてみよう。

外院《げいん》バス停の帝釈寺《たいしゃくじ》北交差点を左折し、細いY字路を左に進む。獣除けゲートを通り、外院尾根を緩やかに登る。町石を見送り、三差路を左に5分ほどで、しらみ地蔵がある。元に戻って右の急坂を登り、八天石蔵《はってんいしぐら》の脇をすぎ、長い階段を下りたら**勝尾寺**の山門前に着く。

車道を右へ。勝尾寺園地に入り、ウイングハウスの休憩舎を通り、自然研究路8号線を登って東海自然歩道に出る。左の尾根を進み、開成皇子の墓に着く。壊れた木道を迂回すれば**最勝ヶ峰**のピークだ。

■**鉄道・バス**
往路＝北大阪急行箕面萱野駅から阪急バス間谷住宅または余野行きなどに乗り、外院で下車。
復路＝徒歩で阪急箕面線箕面駅へ。

■**マイカー**
登山口と下山口が異なるためマイカーでのアプローチは不適。

■**登山適期**
勝尾寺と箕面滝のカエデが紅葉する11月がベスト。新緑のころもよい。勝尾寺境内は四季を通じて花が楽しめる。低山なので盛夏は不適。

■**アドバイス**
▽八天石蔵は、13世紀に勝尾寺が土地の境界を示したもの。8ヶ所すべてから青銅の八天像（国の重要文化財）が出土したが、現地には残っていない。
▽下山後、箕面温泉スパーガーデン（☎072・723・2324）で汗を流すのもよい。
▽箕面駅に向かう土産物屋街の酒屋では、箕面の地ビールを扱っている。種類も豊富で美味。土産物街の名物は甘い衣のモミジの天ぷら。

■**問合せ先**
箕面市地域創造部箕面営業室☎072・724・6905、阪急バス豊能営業所☎072・739・2002

■**2万5000分ノ1地形図**
高槻・広根・伊丹

先に進み、円形の方位盤を経て歩きやすい幅広の道を下る。ぎふちょう橋を渡り、東海自然歩道の西の起点、**政《まさ》の茶屋《ちゃや》園地**に着く。

自然研究路3号線に入って長い坂を登りきるとベンチがあり、標識の脇から明瞭な踏跡をたどれば**天上ヶ岳**だ。役行者像が、遠く熊野を眺めているようにたたずんでいる。

　ベンチに戻り、先を進む。畑を右に見て車道に出る。しばらく車道を歩き、霊園を通りすぎたら左の分岐をとる。入ってすぐに**ようらく台園地**に着く。2つ続く分岐はともに左へ進むと三国峠に出る。目立たない**箕面山**のピークに立ち寄ってから、石子詰《いしこづめ》の分岐に下りる。せっかくなので、カエデ林を見ながら滝道を北上し、**箕面滝**を観瀑しよう。あとは滝道を引き返し、そのまま阪急箕面線**箕面駅**にいたる。

CHECK POINT

外院尾根の入口となるY字分岐は左へ

旧参道との分岐手前からは、粟生団地が眼下に望める

中世に勝尾寺の領地を示すために設けられた八天石蔵

紅葉に彩られたウイングハウスの休憩舎

尾根を走る東海自然歩道に合流する

山頂直下にある円形の方位盤

東海自然歩道西の起点に出る

ようらく台園地への入口

22

箕面北部の静寂の尾根を縦走する

明ヶ田尾山・鉢伏山

日帰り

歩行時間＝4時間15分
歩行距離＝11・4km

あけだおさん（みょうがたおやま）　620m
はちぶせやま　604m

技術度
体力度

コース定数＝**17**
標高差＝175m
累積標高差　546m　910m

箕面森町から見た明ヶ田尾山（左端）

鉢伏山のピークは風通しがよい

明ヶ田尾山は、五月《さつき》山連山に続く尾根の最高峰。交通の便がよくないため、ハイカーの姿も少ない静寂の山だ。尾根伝いにある鉢伏山と併せて歩き、エキスポ90みのお記念の森から絶景を楽しもう。

高山《たかやま》バス停から少し戻って交差点を西に入ると高札場跡がある。キリスト教を禁じるお触れを掲げたという。奥の西方寺《さいほう》で左折し、キリシタン大名で知られる高山右近誕生地の石碑が立つ小山を右に見送って、100㍍ほど進んだところで小さい標識にしたがい右折する。さらに100㍍ほどで、左の山道に入る。

植林の中を登り、稜線の鞍部に出る。まずは右に折れ、雑木林が美しい緩やかな尾根をたどって**明ヶ田尾山**の山頂に着く。眺めは得られない。

鞍部に戻り、尾根を直進する。まもなく尾根を南側にはずれ、暗い植林の谷筋に入るが、梅《うめ》ヶ谷への分岐から再び雑木林の急坂を登り返す。右の樹林越しに無線電波

■鉄道・バス
往路＝北大阪急行箕面萱野駅から阪急バス希望ヶ丘4丁目、余野行きに乗り、高山で下車。
復路＝徒歩で阪急箕面線箕面駅へ。

■マイカー
登山口と下山口が異なるので、マイカーは適さない。

■登山適期
明ヶ田尾山はリョウブの新緑もよいが、落葉がびっしり敷きつめられた冬枯れのころもよい。箕面滝周辺のカエデの紅葉は11月。山中は水場がないので夏場は不適。

■アドバイス
▽箕面萱野駅からのバスの便は1日1〜3本のみ。事前に確認しよう。
▽明ヶ田尾山の読み方については諸説あるが、決め手に欠くようだ。郷土史家など専門家の見解を待ちたい。
▽エキスポ90みのお記念の森には駐車場、広場、トイレもある。四季折々の花が咲き、家族連れにも人気がある。園内には「花の谷」や「赤ちゃんの森」などいくつかのルートがある。

■問合せ先
豊能町農林商工課☎072・739・0001、阪急バス豊能営業所☎072・739・2002

■2万5000分ノ1地形図
広根・伊丹

高山の高札場に掲げられた禁教令

塔を見て、頭上に送電線が横切る四つ辻に着く。裸地を西へわずかで、**鉢伏山**山頂だ。

四つ辻に戻り、右折してエキスポ90みのお記念の森に入る。ひときわ高くそびえる木製の展望塔からは絶景が得られたが、老朽化により2024年現在立入禁止となっている（撤去予定）。

休憩所の南側から自然研究路7号線に入り、長谷橋《ながたに》からはしばらく車道を歩く。箕面川ダムの端から自然研究路3号線に入り、**政《まさ》の茶屋《ちゃや》園地**に出る。ビジターセンターの前を通り、車道を歩く。トンネルの先で一目千本のカエデ林を見ながら**箕面滝**へ下る。滝道で渓流美を楽しみ、土産物店街を抜けて阪急箕面線**箕面駅**に下る。

CHECK POINT

カエデの紅葉が「高山右近生誕の地」の石碑を彩る

鞍部に出て、まず右へ明ヶ田尾山をめざす

雑木林に囲まれた明ヶ田尾山

裸地の四つ辻から西へわずかのところに鉢伏山のピークがある

みのお記念の森に建つ木製の展望塔（立入禁止）

長谷川沿いに自然研究路7号線を下る

東海自然歩道の西端である、政の茶屋園地

カエデと渓流美を楽しみながら、滝道を下る

23 勝尾寺南山

ルートファインディングが楽しめる、箕面の里山

かつおうじみなみやま
407m

日帰り

歩行時間＝3時間5分
歩行距離＝7・8㎞

技術度
体力度

コース定数＝13	
標高差＝304m	
累積標高差	↗521m ↘521m

二十二曲り手前のベンチから千里中央方面を眺める

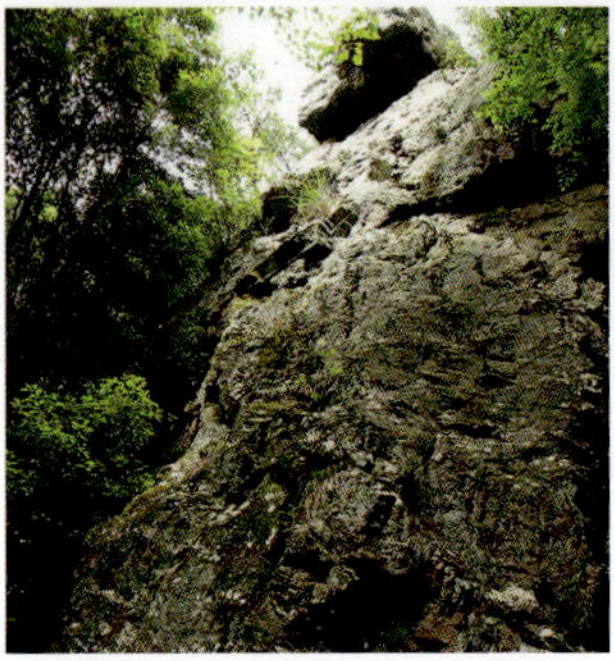

直下から見上げる医王岩は迫力十分

箕面《みのお》周辺の山々はハイカーに人気だが、勝尾寺南山は、主要なハイキングコースからはずれていることもあり、静かな里山歩きが楽しめる。当コースは、マミズクラゲが棲息する池や、天を穿《うが》つような巨岩など、ユニークな穴場をめぐるが、分岐が非常に多いので、ルートをよく確認しながら歩こう。

白島《はくのしま》北バス停から府道箕面池田線に出て白島東交差点を左折し、すぐに右の小橋を渡る。溜池の間を抜けると**白姫《しろひめ》神社の鳥居**がある。鳥居をくぐって先にのびる山道を行き、白姫神社の本殿の裏手から尾根をたどる。谷山尾根では休憩ベンチから一度だけ眺めが得られる。

古い標石が立つ四ツ辻に出たら、標石の裏の薄い踏跡に入る。すぐに道は明瞭になり、三角点のある**勝尾寺南山**に着く。南側が少し開けていて、千里《せんり》中央方面が見える。

山頂からは、来た道を少し戻り、尾根を直進。次の分岐で「谷山谷、才ヶ原、白島」の道標にしたがい、西に進路をとる。谷山谷林道終点で右の木橋を渡る。峠を越え、開けた荒地の横をすぎると、**才《さい》ヶ原《はら》**

■鉄道・バス
往路・復路＝北大阪急行箕面萱野駅から阪急バス粟生団地、希望ヶ丘四丁目、余野行きに乗り、白島北バス停で下車（バス系統により白島北バス停の位置が異なる）。

■マイカー
白島北に駐車場はない。千里中央駅周辺や、みのおキューズモールの有料駐車場を利用し、バスで白島北へ。

■登山適期
空気が澄む冬枯れから新緑のころがベスト。低山なので夏は暑く不適。

■アドバイス
▽医王岩は、地元では薬師寺岩ともよばれ、農耕神、大己貴・少彦名の2神が生まれた地ともいわれている。
▽当ルートの周辺は登山道、杣道が複雑に入り組んでいるが、地元の里山の保全活動を行っている「みのお里山ぷら」が、要所に道標を掲げており、大いに助けになる。このほか、「箕面の山パトロール隊」など複数の団体によって、周辺の里山の環境が維持・保全されている。感謝の心で歩きたい。

■問合せ先
箕面市地域創造部箕面営業室☎072・724・6905、阪急バス豊能営業所☎072・739・2002

■2万5000分ノ1地形図
広根

二十二曲りは細かなジグザグ道だ

池に出る。ここは9～10月ごろにマミズクラゲが出現するという。

池を回りこむと三ツ石に着く。左折し、なだらかな尾根を進めば、幅広の林道に出る。これを右折し、南側の眺めが得られるベンチをすぎ、二十二曲りを下る。砂防ダムを2つ巻くと、**医王岩**《いおういわ》の上端が見えてくる。階段を下りると、高さ25㍍、3層に重なった天を突く巨岩に圧倒される。

溜池の間を通り抜けると、大宮寺のみごとなコジイの古木群に目を奪われる。あとは白島西交差点に出て、**白島北バス停**に戻る。

CHECK POINT

1 白姫神社の鳥居をくぐり、右奥の参道を登る

2 谷山尾根の休憩ベンチからは、吹田、茨木方面が見下ろせる

3 古い標石がある分岐

4 勝尾寺南山の山頂は南側がわずかに展望できる

5 三角点がある勝尾寺南山の山頂

6 谷山谷林道終点の分岐では丸木橋を渡る

7 三ツ石の分岐にある岩。右の斜面にあと2つ、岩が見られる

8 大宮寺のコジイの古木群

24

竜王山

りゅうおうざん

510m

伝説を秘めた巨岩群から、隠れキリシタンの里をめぐる

日帰り

歩行時間＝3時間25分
歩行距離＝6・7km

技術度

体力度

コース定数	＝**14**
標高差	＝360m
累積標高差	681m / 541m

茨木市生保から見た天王山

歴史や伝説を秘めた巨岩群を訪ねながら、古くから雨乞いの山として崇められた竜王山を越え、隠れキリシタンの里・千提寺《せんだいじ》へとめぐる、見どころの多いぜいたくなルートを紹介しよう。

車作《くるまつくり》バス停から舗装道を北に進み、深山水路に沿って**清水廃寺《しみずはいじ》**へ。竹林の分岐をまず左へ、すぐ鋭角に右にとると狭い舗装道に出て右折。舗装道が終わるとすぐに、高さ30メートルの巨岩が立ちはだかる岩屋に着く。かつて桓武《かんむ》天皇の庶兄・開成皇子が修行したという。

岩屋のすぐ先が、**瀧《たき》不動明王横の分岐**だ。左手の高台をみると、石造りの樋から一条の清水が流れ落ちる水行場がある。分岐を北へ15分ほど進むと、左に穴仏《あなぼとけ》、右に**負嫁岩《およめ》**があるので往復してみよ

竜王山山頂には高さ13メートルの木製展望台が建つ

■鉄道・バス
往路＝阪急京都本線茨木市駅から阪急バス車作行きに乗り、終点の車作で下車。本数は極めて少ない。
復路＝千提寺口から阪急バス阪急茨木市駅行き、または北千里急行箕面萱野駅行き（大阪モノレール彩都西駅を経由する）に乗り、いずれも終点で下車。

■マイカー
登山口と下山先が異なるため、マイカーでのアプローチは不適。

■登山適期
新緑の春と、シイの実やフユイチゴが楽しめる晩秋から初冬にかけてが最適。

■アドバイス
▽茨木市立キリシタン遺物史料館（☎072・649・3443）は入館無料。
▽天満宮の石段下からあぜ道を5分で、キリシタン墓碑発見地がある。
▽岩屋では左手のチムニーを登り、上部のクサリを頼りに「胎内くぐり」をすると、弁財天を祀る宝塔を見られる。足の置場に乏しい登攀となるので、クライミング経験者向き。

■問合せ先
茨木市商工労政課☎072・622・8121、阪急バス茨木営業所☎072・643・6301

■2万5000分ノ1地形図
高槻

う。それぞれの由来が書かれた標識が立つ。

分岐に戻り、右の道をとると、少しの登りで**竜王山**の山頂に着く。木製展望台からは生駒、金剛、和泉の山々から大阪湾、六甲山まで広く見渡せる。三角点は、展望台の手前の木立の中にある。

山頂から西へ5分も下れば、龍神を祀る湧水の池がある宝池寺《ほうちじ》に着く。時おり、法螺貝の音が響いてくる修験の寺だ。岩《いわ》刀山《たちやま》（薬師岩）、蛙《かえる》岩を経て、晩秋はシイの実が降り敷く石段の参道を下ると、**忍頂寺《にんちょうじ》交差点**だ。

交差点を渡って左に進み、すぐに右の未舗装道へ。クヌギの古木を見て竹林を抜ける。カフェを過ぎ、カトリック協会・愛と光の家の分岐を右へ行くと、**キリシタン遺物史料館**に着く。有名なザビエルの肖像画（複製）や墓石など貴重な史料が並ぶ。

あとは道なりに15分ほどで**千提寺口バス停**に着く。

CHECK POINT

清水廃寺。清水寺が高山右近に焼かれた際、僧徒が経文をここに埋めたといわれる

垂直に切り立った巨岩の上に、さらに大岩を抱く負嫁岩

竜王山の三角点は展望台のすぐ北側の木立の中にある

八大龍王を祀る宝池寺の泉

石段の参道を下り、忍頂寺交差点へ

忍頂寺交差点に下りてくる

隠れキリシタンの史料が展示されているキリシタン遺物史料館

千提寺口バス停のすぐ南に出る

茨木市山手台から見た阿武山

25

貴人の墓から、北摂屈指の美渓をたどる

阿武山

日帰り

あぶやま
281m

歩行時間＝3時間25分
歩行距離＝8・5㎞

技術度
体力度

コース定数	＝13
標高差	＝236m
累積標高差	↗ 437m ↘ 447m

阿武山は、親子連れやジョギングに励む人など、地元に親しまれている里山だ。岩と清流が織りなすみごとな渓流美で知られ、夏にバーベキュー客でにぎわう摂津《せっつ》峡を結ぶ手軽なコースを紹介しよう。

安威《あい》バス停から北に進み、長《おさ》ヶ橋北詰交差点を渡り、長い階段を登って武士《もののふ》自然歩道に入る。山道に入ると、すぐに阿武山稲荷の赤い大鳥居をくぐる。次に稲月大神の左を絡む。林道の分岐を右にとり、グラウンドを迂回するように進むと、主稜線の山道に出る。道標にしたがい、まず右の**阿武山古墳**に立ち寄ろう。うっそうとした木立が印象的だ。

元の分岐に戻り、緩やかな尾根道を北へ進む、木彫り像が設置されたアセビ峠と、大きなエノキの御神木を経て、**阿武山**の広い山頂に着く。ここにも同様の木彫り像がある。山頂からは、南側の眺めがわずかに得られる。

山頂から東西にのびる山道は、すぐ先で合流する。武士自然歩道をたどり、広い造成現場を、工事

摂津峡最大の滝、白滝（公称15メートル）

■鉄道・バス
往路＝阪急京都線茨木市駅から阪急バス山手台7丁目行きまたは車作行きなどに乗り、安威で下車。
復路＝塚脇から高槻市営バスJR高槻駅北行きに乗り、終点で下車。

■マイカー
登山口と下山口が異なるため、マイカーは不適。安威バス停付近に駐車場はない。

■登山適期
低山なので盛夏は避ける。落ち葉降り積む晩秋、空気が澄む冬、雑木林の新緑が美しい春がよい。

■アドバイス
▽阿武山古墳は、昭和9年に京大地震観測所の拡張工事で発見された。埋葬者は藤原鎌足との説がある。
▽塚脇にある日帰り温泉の祥風苑（☎072・689・6700）の湯は、関西では稀なアルカリ性純重曹泉。食事、喫茶も可。
▽竜仙峠、竜仙滝から武士自然歩道を踏破するルートは雑木林が美しいが、府道46号は車が多く危険。

■問合せ先
高槻市観光シティセールス課☎072・674・7411、阪急バス茨木営業所☎072・643・6301・高槻市営バス緑が丘営業所☎072・687・1500

■2万5000分ノ1地形図
高槻

車両に気をつけながら通り抜けると、関電の北大阪変電所に出る。前に高槻市営バスの**阿武山口バス停**がある。バス道を左折、竜仙《りゅうせん》峠への登山道をやりすごし、道なりに進むと**萩谷《はぎたに》総合公園入口**だ。

公園の敷地に入り、野球場を右へ回りこむと、東海自然歩道が交差する。右に入り、ジグザグ道を下る。月見台住宅街との分岐で左折して沢沿いに下りると、摂津峡のシンボルである**白滝《しらたき》**に着く。

ウッドデッキで滝の涼感を満喫したら、渓流に沿って下る。沢が芥川《あくたがわ》の本流と合流したら、摂津峡の渓流美を楽しみながら下流方向へ進む。バス道に出て、日帰り温泉の祥《しょう》風苑《ふうえん》をすぎたら**塚脇《つかわき》バス停**はすぐだ。

CHECK POINT

長ヶ橋北詰交差点から、長い階段を上がる。登りきったら右へ、武士自然歩道に入る

「貴人の墓」ともよばれる阿武山古墳は、墓室周辺に木が植えられている

緩やかな小ピークのアセビ峠には木彫りのトーテムポールが鎮座する

阿武山の南側直下にある、巨大なエノキの御神木

広場になっている阿武山の山頂部

阿武山口バス停からしばらくバス道を歩く。車に注意しよう

沢沿いの歩きやすい道を、白滝に向かう

迫力ある摂津峡の流れを見ながら下山する

明神ヶ岳への尾根では、時折、枝越しに亀岡方面の風景が垣間見える

26

高槻市北端の、静寂の2座をめぐる

明神ヶ岳・黒柄岳

みょうじんがたけ 524m
くろがらだけ 527m

日帰り

歩行時間＝3時間25分
歩行距離＝8・9km

技術度
体力度

コース定数	＝14
標高差	＝122m
累積標高差	500m / 575m

高槻《たかつき》市と京都府亀岡《かめおか》市の境にある2つの里山が明神ヶ岳と黒柄岳だ。北摂《ほくせつ》特有の、雑木林あり、林道あり、やぶありのコースは、静かな山歩きが楽しめる。ただし、バスの本数が極端に少ないので注意しよう。

中畑《なかはた》回転場バス停から左の林道を進み、茶色の標識が立つ**明神ヶ岳登山口**で山道に入る。きれいな雑木林を登ると、10分ほどで関電巡視路を分けるが、ここは右のやや下り気味の道を行く。尾根に出ると、樹間に愛宕山《あたごやま》や亀岡市が見える。冬の午前中には亀岡盆地が霧に包まれ神秘的だ。紅白の送電線鉄塔下からは、ポンポン山方面の展望が開ける。

尾根上の苔むした岩場を経て、**明神ヶ岳**の平らな山頂に着く。三角点は縦走路をほんの少し北にそれたところにある。

この先は、樫船《かしふね》神社への分岐を見送り、送電線鉄塔下で90度右折する。下り一本で**昇尾《しょうお》峠側登山口**の舗装道に出る。

右に進み、車止めゲートで左の道に入る。長い林道を歩き、NTT黒柄無線中継所が建つ**黒柄岳**の山頂に着く。三角点は道路を隔てた東側にあるが、展望は得られない。

林道を10分ほど戻り、左カーブのガードレールが途切れた端にある**南尾根への分岐**から、落ち葉を踏みしめて照葉樹の山道を下る。やがて右側が若い植林の明瞭な尾根になり、やぶっぽい坂を下ると、勝手《かって》坂からの道を迎える峠に出る。ここは左のV字谷を下り、荒

■鉄道・バス 往路＝JR京都線高槻駅から高槻市営バス中畑回転場行きに乗り、終点で下車。復路＝樫田校前から高槻市営バスJR高槻駅北行きに乗り、終点で下車。
■マイカー 駐車場がなく、マイカーは不適。
■登山適期 春は新緑、秋はコナラの黄葉、冬は明神ヶ岳の稜線から垣間見える亀岡盆地の雲海がよい。夏は勝手坂の峠手前のやぶがひどく不適。
■アドバイス ▽黒柄岳への途中で、左手にある城山（田能城跡）に寄ってもよい（往復20分）。
▽勝手坂の峠に下る手前はやぶで、ウルシなど、かぶれやすい木がある。長袖・長ズボンの着用は必須だ。
▽逆コースを歩く場合、勝手坂への入口は、あぜ道の奥に荒れた竹やぶがあり、非常にわかりにくい。
■問合せ先 高槻市観光シティセールス課☎072・674・7411、高槻市営バス緑が丘営業所☎072・687・1500
■2万5000分ノ1地形図 法貴

れた竹やぶを突っ切って農作業道を小川沿いに下る。

車道に出て鋭角に左折、緩い坂の上に首塚（経塚）を見る。田能《たのう》西条《にしじょう》バス停の次の角を右折し、樫《かし》田《だ》小学校の脇を抜けて**樫田校前バス停**に出る。土・日曜なら、バスを待つ間、JA特売所の農風館で買い物をするのもよい。

黒柄岳へは、林道脇の黄葉を楽しみながら歩こう

CHECK POINT

1 中畑回転場へのバス便は極めて少ない

2 万寿峠の手前にある明神ヶ岳の登山口

3 送電線鉄塔の巡視路の分岐が多い

4 登山道からわずかに北にある明神ヶ岳の三角点

5 昇尾峠側の登山口に下る

6 車止めゲートを左に進み、長い林道歩きがはじまる

7 黒柄岳の山頂にある無線中継塔

8 時間が許せば、樫船神社口の石鳥居から明神ヶ岳方面を覗いてみよう

京都市西京区大原野から見た釈迦岳、ポンポン山、小塩山

27

日帰り

一休禅師の庵跡から、北摂の名峰二座を訪ねる

ポンポン山・釈迦岳

ぽんぽんやま　679m
しゃかだけ　631m

歩行時間＝5時間10分
歩行距離＝13・6㎞

技術度
体力度

コース定数＝22
標高差＝404m
累積標高差　812m　976m

ポンポン山の明るく開けた山頂

ポンポン山は、かつては「加茂《かも》勢《せ》山」とよばれていたが、頂上で四股を踏むとポンポンと音がするといわれたことから、この名が定着した。善峯寺《よしみねでら》からの道など複数のルートがあり、絶大な人気を誇る山だ。ここでは大阪側からのアプローチにこだわった自然度の高いルートを紹介しよう。

出灰《いずりは》バス停から、出灰川沿いの市道樫田2号線に入り、のどかな農村風景の中を進む。途中にある出灰不動尊には、神秘的な不動ノ滝がある。鬼語条《おごんじょ》橋を渡ると、クリンソウが植わる左上に、一休禅師が開いた**戸陀寺《しだじ》跡**がある。

美しい雑木林の道を上り、大原《おおはら》野《の》森林公園からの道に合流すると、**ポンポン山**の山頂に着く。北に愛宕山《あたごやま》、南に大阪平野が広く見わたせる。片道30分ほどなので、島本町の最高峰・**釈迦岳《しゃかだけ》**まで、ぜひ往復しよう。

ポンポン山に戻り、東海自然歩道を、ほぼ尾根伝いに南西方向に進む。植林の、よく踏まれた山道から夫婦杉を経て、本山寺《ほんさんじ》への標

■鉄道・バス
往路＝JR高槻市駅から高槻市営バス二料、杉生、中畑回転場行きに乗り、出灰で下車。
復路＝神峰山口バス停から高槻市営バスJR高槻駅北行きに乗り、終点で下車。

■マイカー
出灰付近の林道は狭く、駐車スペースはない。本山寺、神峯山寺の駐車場は参拝者用なので使用は控えよう。

■登山適期
舗装道歩きが長いので夏場は辛い。本山寺、神峯山寺に紅葉が映える秋と、雪化粧した冬景色がよい。

■アドバイス
▽神峯山寺は、696年に役行者がこの地に五色の彩雲が立つのを見て開山し、宝亀年間（770年ごろ）に開成皇子が創建したといわれる。
▽サブコースとして、川久保渓谷ルート（川久保バス停→ポンポン山＝約1時間30分）、川久保尾根ルート（川久保バス停→釈迦岳＝約2時間）があるが、ともに工事中で通行止め。

■問合せ先
高槻市観光シティセールス課☎072・674・7411、島本町都市創造部にぎわい創造課☎075・961・5151、高槻市営バス緑が丘営業所☎072・687・1500

■2万5000分ノ1地形図
高槻・法貴・京都西南部

注：出灰バス停～戸陀寺跡間の市道樫田2号線は災害により24年5月現在通行止め。縦走の場合は東（京都）側の善峯寺を起点としたい（釈迦岳へ登り約1時間）。

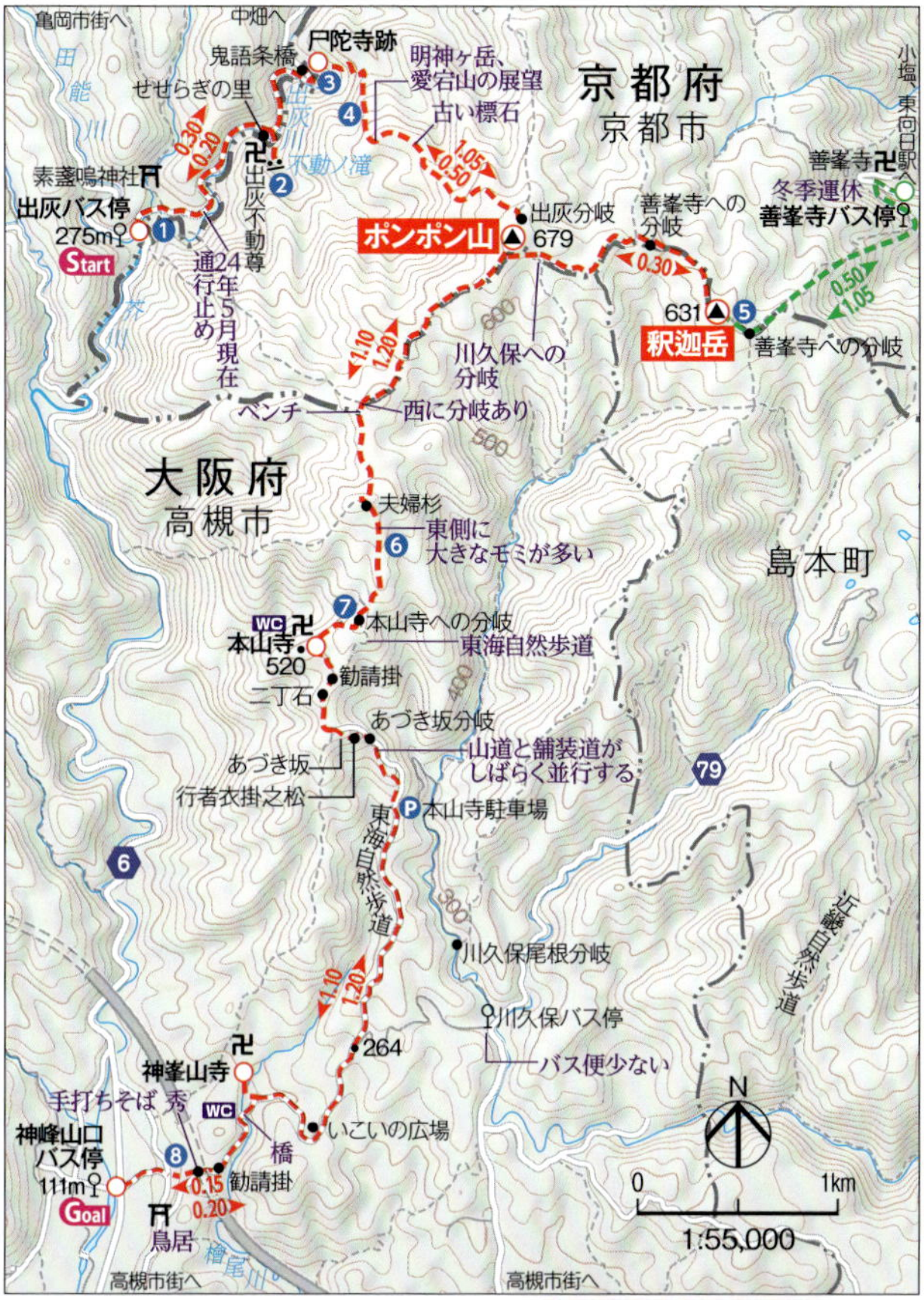

識を右にとると、裏手から**本山寺**の本堂に出る。京都の鞍馬《くらま》寺、奈良の朝護孫子《ちょうごそんし》寺とともに「日本三毘沙門天」とされる名刹だ。

境内のカエデやイチョウが色づくころはすばらしい。

苔むした参道を抜け、勧請掛《かんじょうがけ》をくぐる。この先の分岐では舗装道を歩いても、山道のあづき坂を行ってもよい。本山寺駐車場からは、舗装道をひたすら下り、**神峯山寺**《かぶさんじ》に着く。紅葉の時期は拝観料が必要になるが、300本のカエデが織りなす錦繍は必見だ。

元の舗装道に戻り、2つ目の勧請掛をくぐって、右の山道を下りる。竹林を出て、手打ちそば秀の辻を直進すれば、**神峰山口バス停**に着く。

CHECK POINT

1 出灰バス停を下り、右の道に入る

2 出灰不動尊の行場、不動ノ滝

3 鬼語条橋を渡り、尸陀寺跡に向かう

4 尸陀寺跡をすぎて、美しい雑木林の一本道をたどる

5 大きな休憩テーブルと三角点が鎮座する釈迦岳の山頂

6 夫婦杉をすぎると、モミの大木の群落がある

7 本山寺への分岐を右にとる。東海自然歩道を直進すると、直接、勧請掛の方に出てしまう

8 「お休み処 手打ちそば秀」は、入手難のどぶろく「原いっぱい」で知られる

山崎の国道171号から見た天王山

28 日帰り

天王山・十方山

秀吉・光秀の古戦場から、ウイスキー職人が認めた名水の里へ

てんのうざん　270m
じっぽうやま　304m

歩行時間＝2時間25分
歩行距離＝8・3km

技術度
体力度

コース定数＝12
標高差＝291m
累積標高差 457m 457m

天王山は羽柴秀吉と明智光秀が戦った山崎の合戦の古戦場として有名だ。電車でのアクセスがよく、手軽に登れる山として人気が高い。麓は名水の里として知られ、昔は千利休が茶を点て、今はウイスキーに使用されている。

大山崎《おおやまざき》駅から北東に進み、「山崎聖天《しょうてん》参道近道」の看板で小道に入る。突き当りを右折し、JRの踏切を渡る。天王山登山口の石碑と観光案内図を見て、参道を直進すると、行基が建立したとされる**宝《ほう》積寺《しゃくじ》**に着く。かつて秀吉の本陣が置かれた場所でもある。

本堂右手から山道に入り、樹林帯の坂道を登る。旗立松《はたたてまつ》展望台からは淀川や名神高速大山崎ジャンクションが見下ろせる。鳥居をくぐると、山崎の戦いを描いた絵図と解説が書かれた大きなパネルがある。さらに進むと幕末維新の史跡、十七烈士の墓があり、さまざまな時代において、この山が重要な位置にあったことがわかる。

酒解《さかとけ》神社をすぎたら山頂まではすぐだ。**天王山**山頂は山崎城跡でもあり、休憩に絶好の広場になっている。

山道に戻り、山頂東面の平坦な道を進んで小倉神社分岐を左に行く。20分ほどで**十方山**に着く。展

水枯れをしたことがない水無瀬滝

■鉄道・バス
往路・復路＝阪急電鉄京都線大山崎駅から徒歩。徒歩で大山崎駅に戻る。

■マイカー
JR山崎駅や阪急大山崎駅周辺のコインパーキングを利用する。

■登山適期
桜の4月上旬〜下旬と、紅葉が美しい11月中旬〜12月初旬がベスト。一年を通じて登れるが、標高が低いので、梅雨時から夏場にかけては熱中症対策が必要だ。

■アドバイス
▽酒解神社は、山崎近辺では最も古い神社で、奈良時代に創建。本殿手前の神輿庫は、鎌倉時代の建築で、わが国最古の現存する板倉式倉庫で国の重文。
▽十方山からの下山路は粘土質で、雨後はすべりやすい。
▽サントリー山崎蒸溜所（☎075・962・1423）では、事前予約すれば製造工程の見学ができる。見学行程には、テイスティングラウンジ（有料）もある。

■問合せ先
島本町都市創造部にぎわい創造課 ☎075・961・5151

■2万5000分ノ1地形図
淀

望はないが、天王山から移設された三角点がある。

南にのびる道を下るにつれ、周囲が竹林に変わってきて、高速道路を見下ろす舗装道に出る。天王山トンネル脇の小道をたどって**水《み》無瀬《なせ》滝**へ。すぐそばの高速道路の騒音が残念だが、夏でも涼しく気持ちのいい場所だ。

ガードをくぐり、住宅街を抜けるとJRの線路に突き当たる。左折して線路沿いに進み、**サントリー山崎蒸溜所**を目指す。

JRの踏切を渡り、東進すればJR山崎駅、阪急**大山崎駅**に着く。

CHECK POINT

天王山登山口の石碑と観光案内図のある坂道を上がる

宝積寺境内には豊臣秀吉が腰掛けたとされる出世石がある

本堂の右側から山道に入る

旗立松展望台から淀川と高速道路を眺める

城跡でもある天王山の山頂。周辺は広場になっている

十方山の山頂には、天王山から移設された三角点がある

名神高速道路の天王山トンネルの手前に水無瀬滝がある

サントリー山崎蒸溜所では見学や試飲ができる

29

太閤道を歩き、シイの純林と紅葉の神社を訪ねる

若山

わかやま
315m

日帰り

歩行時間＝2時間50分
歩行距離＝5・9km

技術度

体力度

コース定数＝11

標高差＝261m

累積標高差 360m 389m

島本町東大寺から見た若山

金龍寺跡に一面に咲くシャガ（5月）

若山一帯は、高槻《たかつき》中心街の北東に横たわる丘陵地帯で、尾根道は太閤《たいこう》道とよばれる。天王《てんのう》山の戦いで羽柴秀吉本人がたどったかは定かではないが、古戦場を見下ろしながら歴史に思いをはせたい。

磐手橋《いわてばし》バス停から金龍寺《こんりゅうじ》跡への標識にしたがい、林道を北へ進む。沢沿いの樹林帯に入り、小橋を渡ると**三好《みよし》大明神**の赤い鳥居を見る。白馬石、座禅石を経て**金龍寺跡**に着く。りっぱな石垣と広い境内が往年の隆盛を物語る。

若山《わかやま》神社への標識に導かれ、卵塔、七重石塔、宝篋印塔をすぎると支尾根に乗り、基準点が埋まる悠久《ゆうきゅう》の丘への**V字分岐**を左に進む。太閤道はなだらかで歩きやすくなる。岩神神社分岐を見送ると、すぐ右に見晴台への道が分かれる。見晴台からは眼下に滔々と流れる淀川、対岸に生駒《いこま》、金剛《こんごう》の山々、大阪中心部まで、スケールの大きな眺めが得られる。

太閤道に戻り、先を行けば、まもなく**若山**の三角点に着く。登山道からわずかに西側にあるが、標識があるので見落とすことはない。木立の中で、残念ながら展望はない。

さらに太閤道を進み、丸太ベンチが置かれた展望ポイントをすぎると舗装道に出合う。川久保《かわくぼ》分岐

■鉄道・バス
往路＝JR高槻駅から高槻市営バス上成合または川久保行きに乗り、磐手橋で下車。
復路＝若山台センターバス停から阪急バス水無瀬駅行きに乗り、JR島本駅または阪急水無瀬駅で下車。

■マイカー
磐手橋付近には駐車場はなく、マイカーは不適。

■登山適期
夏季は避ける。5月上旬に金龍寺跡を花で埋めるシャガは圧巻。金龍寺跡、若山神社のカエデは11月下旬～12月初旬。冬季は登路の凍結に注意。

■アドバイス
▽790年に安満寺として創建された金龍寺は、1983年にハイカーの火の不始末で焼失し、石垣や礎石が残るのみだ。
▽若山神社周辺の400本以上のシイ林は、府の自然環境保全地域。樹齢200年以上のツブラジイ群落の周囲をアラカシが囲む。

■問合せ先
島本町にぎわい創造課☎075・961・5151、高槻市観光シティセールス課☎072・674・7411、高槻市営バス☎072・687・1500、阪急バス大山崎営業所☎075・957・1020

■2万5000分ノ1地形図
淀

を右に行くと再び山道になり、しばらく新大阪ゴルフクラブのフェンス沿いに進む。

保全地域を示す大きな看板のところで右に進路を変え、板根もみごとなツブラジイの大群落の中をジグザグに下る。**若山神社**の境内に出ると、眼前にカエデ林が広がる。晩秋は紅葉が目にまぶしいくらいだ。カエデ林の小路を抜けて石段の参道に合し、天然記念物のシイの古木を見ながら下る。団地に出て左折すれば**若山《わかやま》台《だい》センターバス停**に着く。

CHECK POINT

1 磐手橋にある金龍寺への一丁石

2 朱の鳥居が印象的な三好大明神

3 基準点が目印のV字分岐は左へ

4 見晴台からは淀川の滔々たる流れが一望できる

5 若山の三角点は、登山道からほんの少し西側にある

6 丸太ベンチが置かれた展望適地からは男山方面が見下ろせる

7 貴重なツブラジイの純林

8 701年に行基が創建し、明治期に神社に改められた若山神社

津田南町から見た国見山と第二京阪道

野鳥の宝庫の白旗池

夫婦岩からは比叡山や醍醐山など京都の山も見える

30

国見山

枚方八景の山頂から京都、北摂、六甲を一望できる初級ルート

日帰り

くにみやま
284m

歩行時間＝2時間10分
歩行距離＝5・9㎞

技術度
体力度

コース定数＝9
標高差＝229m
累積標高差 302m 302m

国見山は、「枚方《ひらかた》八景」のひとつとして市民に親しまれている。登山というより、散歩の延長として楽しめる手ごろな山で、最近はトレイルランニングをする人も多い。

津田駅《つだ》を出て、線路のガード下をくぐり、駅の東側に出る。惟喬《これたか》親王ゆかりの影見池《かげみ》の角を曲がり、地蔵池《じぞう》の手前で右折。第二京阪道路が通る津田南町1交差点を渡って左折すると、**国見山登山口**に着く。研究施設の建物を左に、国見池を右に見て、地元の里山保全倶楽部の監視詰所から山道に入る。

水場で右の踏跡に入り、すぐに左の尾根筋に乗ると、眺めのよい**夫婦岩**に着く。里山保全倶楽部の尽力で手入れが行き届いている。奥へ登っていくと、木製デッキの展望台に出る。ここから

■鉄道・バス
往路・復路＝JR学研都市線津田駅から徒歩。徒歩で津田駅に戻る。

■マイカー
津田駅周辺のコインパーキングを利用。

■登山適期
低山なので、夏季以外はいつでも散歩気分で楽しめる。白旗池には秋にオシドリやマガモが渡ってくる。11月下旬には、野外活動センター分岐周辺のコシアブラの黄葉や、「さわがにの小路」のカエデの紅葉が美しい。

■アドバイス
▽野外活動センター分岐を左折し、変形ヒノキの切株が目印の分岐を右折すると、枚方市最高峰の通称サンドイッチ山に着く。往復25分。
▽下山路の途中、交野カントリー倶楽部のエントランスをすぎてすぐの北への道から急坂をつめると、三角点がある倉治山（北山）だ。展望なし。往復25分。
▽国見山から夫婦岩に下る道がややわかりづらいが、紹介ルートを逆に歩き、下山後にゆdesse枚方（☎072・808・4126）で入浴するのもよい。

■問合せ先
枚方市観光交流課☎072・841・1357

■2万5000分ノ1地形図
枚方

の眺めもなかなかのものだ。さらに進んで短い急登をしのぐと、**国見山**の山頂に着く。大阪湾、大阪のビル街、六甲《ろっこう》から北摂《ほくせつ》の山々、愛宕山《あたごやま》など京都の山々まで見わたせる。

山頂をあとにして、枚方八景の大きな標識がある遊歩道に出て南に進む。V字分岐は左へ。尊《そん》延寺《えんじ》分岐を直進し、雑木林の中の遊歩道を通って、**枚方市野外活動センター分岐**を右折する。ゴルフ場のトンネルをくぐると、左に白旗《しらはた》池が迫り、**いきものふれあいセンター**に着く。里山の動植物を解説した展示は勉強になる。野鳥の宝庫である白旗池では、バードウォッチングする人の姿も見られる。

「あさぎまだらの小路《こみち》」に入って、せきれいの滝、もみじの滝、つりふねの滝を見ながら下る。秋には紅葉が美しいところだ。舗装道に合流し、変電所の手前で三差路を右に行き、古墳塚を経て第二京阪道路のガードをくぐる。あとは桜並木を通って**津田駅**に戻ればよい。

CHECK POINT

1 第二京阪道路沿いにある国見山登山口

2 水場の右手から右の踏跡に入る

3 国見山の手前にある木製の展望台

4 国見山の山頂からみた比叡山

5 尊延寺分岐をすぎ、歩きやすいハイキング道が続く

6 ゴルフ場の下をトンネルで抜ける

7 「あさぎまだらの小路」から下山する

8 舗装道との分岐にかかる、つりふねの滝

31

交野三山

交野山《かたのさんざん》・旗振山・竜王山

絶景で人気の交野山と、忘れられかけた旗振山、竜王山をめぐる

日帰り

歩行時間＝3時間30分
歩行距離＝7・7㎞

技術度 ▲▲▲▲▲
体力度 ❤❤❤❤❤

交野山	こうのさん	341m
旗振山	はたふりやま	345m
竜王山	りゅうおうざん	321m

コース定数＝**14**

標高差＝290m

累積標高差 ↗383m ↘407m

交野山の山頂にある観音岩から大阪平野を一望する

河内磐船駅付近から、交野三山のひとつ、竜王山を望む

交野山、旗振山、竜王山を合わせ、交野三山とよぶ。絶景で人気の交野山は別として、交野市最高峰の旗振山、雨乞いの祠がある竜王山を訪れる人は少ない。ここでは無理なく3座をめぐるルートを紹介する。

ＪＲ**津田《つだ》駅**前のバス道を南進し、倉治《くらじ》交差点を左折。七夕伝説が残る**機物《はたもの》神社**を抜ける。第二京阪道路をくぐって道なりに進み、にわかにうっそうとした渓谷に入ると、荘厳な**源氏《げんじ》ノ滝**に着く。滝の手前の石段を上がり、森を育てる会の拠点の奥を右に進む。沢に沿って登り、橋をくぐって桜並木を抜け、白旗《しらはた》池に出る。すぐ左の**いきものふれあいセンター**に立ち寄り休憩しよう。

白旗池から南進し、公衆トイレのところで車道を横断する。尾根通しに急坂を登れば、**交野山**に着く。観音岩は341メートルの低山とは思えない

■鉄道・バス
往路＝ＪＲ学研都市線津田駅から徒歩。
復路＝徒歩でＪＲ学研都市線河内磐船駅へ。

■マイカー
津田駅、河内磐船駅周辺のコインパーキングを利用する。

■登山適期
交野市野外活動センター付近の桜は4月上旬、いきものふれあいセンターや交野山山頂付近のササユリは6月上旬。源氏ノ滝付近のカエデの紅葉は11月中旬から12月初旬。冬季の積雪は、ほとんどない。

■アドバイス
▽機物神社は天棚機比売を祀り、7月6、7日に七夕祭りが行われる。
▽昔、白旗池は開元寺の池であったことから、これを源流とする滝が元寺滝とよばれ、転じて源氏ノ滝となったという。
▽平安・鎌倉時代、京の貴族は熊野参詣の際に、交野から「峡崖（かいがけ）道」を越えて大和へ出たという。

■問合せ先
交野市地域振興課☎072・892・0121、交野市星のまち観光協会☎070・2838・9690、府民の森くろんど園地☎072・891・4488

■2万5000分ノ1地形図
枚方

高度感があり、360度の眺めを楽しめる。

山頂からは、三宝荒神の鳥居をくぐりながら下り、せみしぐれの小路、さえずりの道を経て、交野山登山口に出る。舗装された枚方大和郡山線を100メートルほど南に行き、右の車止めの道に入る。

「火の用心」の赤い看板が見えたら右の道に入る。鉄塔下からササやぶを分けたら、狭い**旗振山**の三角点に着く。眺めは得られない。

そのまま西へ続く踏跡をとり、巨岩、竹薮を過ぎて少し登り返すと、3座目の**竜王山**だ。磐座の上に小さな龍王社の祠があるが、ここも展望はない。

孟宗の竹林を下り、石鳥居をくぐる。かいがけ地蔵、行者祠を見て、かいがけの道に出る。

住吉《すみよし》神社を経てJR線の手前の四つ辻を左に行けば、JR河内磐《かわちいわ》船《ふね》駅に着く。

CHECK POINT

1 機物神社の境内からは、冬至の日に交野山から日の出が見られるという

2 源氏姫の哀話が伝えられる落差18メートルの源氏ノ滝

3 交野山への標識は右を示すが、ここでは直進し、橋の下をくぐり桜並木を抜ける

4 公衆トイレが見えたら車道を渡る

5 交野山の山頂直下に、梵字が刻まれた岩がある

6 旗振山への入口の目印は、赤い「火の用心」の標識のみ

7 磐座の上に祠がある竜王山の山頂

8 住吉神社に下る

飯盛山頂から見た大阪側の眺め

32

野崎観音から、サクラ咲く南北朝期の古城跡をめぐる
飯盛山（河内）

いいもりやま（かわち）
314m

日帰り

歩行時間＝2時間30分
歩行距離＝5・1km

技術度
体力度

コース定数	＝10
標高差	＝310m
累積標高差	↗359m ↘355m

JR学研都市線野崎《のざき》駅、四条《しじょう》畷《なわて》駅付近から望む飯盛山は、低山ながらどっしりした山容を誇っている。山頂付近には飯盛城跡の遺構が残り、南北朝時代に楠木正成《まさしげ》の嫡男正行《まさつら》が、足利の家臣高師直《こうのもろなお》らと戦い散った古戦場である。正行は四条畷神社の主祭神として祀られ、飯盛山の頂上には凛々しい立像がある。なお、城として最も充実したのは戦国時代に三好長慶の居城となったころだという。

西麓にある慈眼寺《じげんじ》は野崎観音《のざきかんのん》ともよばれ、歌舞伎や落語の舞台となった。境内には悲恋物語主人公のお染・久松の供養塚がある。これらの歴史に思いをはせながら、里山の息吹を感じて歩きたい。

野崎駅を左に出てすぐの大通りを東に進み、**慈眼寺**に向かう。本堂左の石段から登山道に入る。観音峠で左の道を行き、舗装道に合流する。七曲りの急坂から再び山道となり、クヌギやコナラの雑木林の中を登る。右に辻ノ新池を見て、再度急坂を登ると**絵日傘峠**《えひがさ》に出る。尾根伝いに進み、植林の杉むら峠を経て、FM送信所の小ピークを越えて登り返せば、サクラの木に囲まれた楠木正行像が立つ**飯盛山**の山頂に着く。すぐ奥に展望台があるが、老朽化で屋上は立入禁止。大阪平野の眺めが広がる。

下山は北北西へのびる尾根沿いの道を行く。崩壊気味の旧道は避け、大看板にしたがって新道をとろう。三好長慶の仮墓所と伝わる二ノ丸御体塚郭《くるわ》を経て、山頂より眺めが開けた二の丸史蹟碑郭に出る。長い階段道を下り、**御机神社**《みつくえ》

■鉄道・バス
往路＝JR学研都市線野崎駅から徒歩。
復路＝徒歩でJR学研都市線四条畷駅へ。

■マイカー
野崎駅、四条畷駅周辺に小規模のコインパーキングが数ヶ所ある。

■登山適期
低山なので夏期は避けたい。春のサクラと雑木林の新緑、秋の紅葉シーズンがベスト。

■アドバイス
▽登りは分岐ごとに標識が設置されておりわかりやすい。急坂の中尾根コース、のどかな南尾根コースをとるのもよい。飯盛山頂の東側直下にある楠公寺に立ち寄るのもよい。
▽距離が物足りない人向けのサブコースとして、楠公寺から滝谷楠水の場に下り、権現滝を経てむろいけ園地案内所に抜け、四条畷市野外活動センター前、ふれあいの森ゲート、堂尾池、戎公園へと抜けられる（2時間15分）。ビオトープ田原周辺にはカワセミが生棲する。戎公園バス停からは奈良交通バスで近鉄生駒線生駒駅へ。

■問合せ先
四条畷市産業観光課☎072・877・2121

■2万5000分ノ1地形図
生駒山

分岐を左に折れる。次の分岐も左折し、桜園を経て**四条畷神社**に出る。あとは表参道を西に直進し、踏切の交差点を左折すれば**四条畷駅**に着く。

二ノ丸史蹟碑郭の西側は大きく開け、北摂から大阪市方面のワイドビューが得られる

CHECK POINT

大通りを直進し慈眼寺（野崎観音）へ

慈眼寺本堂の左が登山口

早春の観音峠

七曲りでは急な登りが続く

絵日傘峠では尾根道を直進する

楠木正行像が立つ飯盛山の山頂

御机神社分岐は左を下る

楠木正行が祀られている四条畷神社。鳥居は伊勢神宮から譲られたものだ

33

生駒山

いこまやま
642m

府民のシンボルの山で、森林浴ハイキングを楽しむ

日帰り

歩行時間＝3時間10分
歩行距離＝8・3km

技術度
体力度

コース定数	＝15
標高差	＝532m
累積標高差	↗611m ↘651m

ぼくらの広場から見た生駒山

摂河泉コースのすばらしい黄葉

生駒山系は、大阪市内はもとより、北摂《ほくせつ》、和泉《いずみ》、六甲《ろっこう》など多くの山地からその姿を望むことができる。豊かな自然に魅かれ、通いつめるハイカーも多い、府民のシンボル的な存在ともいえる。複数ある登山道の中でも自然度が高い「くさかコース」を歩いてみよう。

近鉄**石切《いしきり》駅**の北入口西側から北へ進み、T字分岐を右へ。右に近鉄の旧孔舎衛坂《きゅうくさえざか》駅跡と旧生駒トンネルの入口を見ながら坂を登ると、「くさかコース」の登山口がある。雑木林の中をジグザグに登り、展望台を経て、右下に河内七面山を見ると、古いハーケンが残る**石切場跡**に着く。

道なりに進み、イノラムキ古墳への分岐をすぎると、あずまやのあるこぶしの谷を通り、舗装された管理道に出合う。簡易トイレが設置されており、休憩ベンチもある。

右へ進むと、やがて左に標識の

■鉄道・バス
往路＝近鉄奈良線石切駅から徒歩。
復路＝徒歩で近鉄額田駅へ。

■マイカー
石切駅西側にコインパーキングがある。額田駅付近に駐車場はない。

■登山適期
春は新緑のほか4月の桜、5月のツツジなどがよい。低山かつ舗装道を歩く部分もあるので、なるべく夏は避けたい。秋は11月ごろのクヌギやコナラの黄葉が美しい。冬は降雪があっても午後には融けることが多いが、4月下旬に生駒山頂で雹が降った年もある。

■アドバイス
▽石室が残るイノラムキ古墳へは往復約30分。7世紀後半に築造され、近畿地方の古墳では末期のものという。生駒山系の中でも高所に造られた。
▽生駒山上遊園地は、冬期は休園するためトイレや売店は使えないが、通り抜けはできる。
▽生駒山へは、大阪側からは、ほかに辻子谷コース、宮川谷コース、奈良側からは宝山寺コースなどがある。

■問合せ先
東大阪市経済部商業課☎06・4309・3176

■2万5000分ノ1地形図
生駒山

ある分岐に着く。石段を上がり、遊歩道に入る。遊歩道はつづら折りになった舗装道をショートカットするように数回横断する。信貴《しぎ》生駒スカイラインを横断し、長い階段を登って入場無料の生駒山上遊園地に入る。ミニ蒸気機関車の線路の中に**生駒山三角点**が鎮座する。

遊園地を抜け、テレビ電波塔が並ぶ中を通り、「摂河《せっか》泉《せん》展望ハイキングコース」の分岐を右に入る。ガード下をくぐり、ジグザグに下る。次に遊歩道と立体交差して、クヌギなどの雑木林のなだらかな尾根を下る。

双子塚《ふたごづか》を経て**額《ぬか》田山《たやま》展望台**に下る。空気が澄んだ日は北摂の山々、六甲山系、淡路島も見える。展望台からは左右どちらの道をとっても大差はなく、枚岡《ひらおか》公園事務所に出れば、右に抜ける重願寺の前を通り、**額田駅**に向かう。

CHECK POINT

1964年に廃駅となった近鉄の旧孔舎衙坂駅跡。廃線ファンにはポピュラーな場所だ

早春のくさかコースは、雑木林越しの青空が映える

大坂城の築城にも使われた生駒石の石切り場跡には錆びたハーケンも残る

歩行者道をショートカットする登山道に咲くヤブツバキ

生駒山上遊園地に入ると、山頂は近い

摂河泉展望ハイキングコースは、まず信貴生駒スカイラインの下をくぐる

摂河泉展望ハイキングコースでは、豊かな自然林に心がいやされる

額田山展望台からは、西側の大展望が楽しめる

34

役行者ゆかりの行場から、絶景の展望所を越え、梅花の名所へ

大原山

おおはらやま
５２２ｍ

日帰り

歩行時間＝３時間50分
歩行距離＝９・６㎞

技術度
体力度

コース定数＝**16**

標高差＝447m

累積標高差 615m 642m

ぼくらの広場からは東大阪市街、大阪市内の雄大な眺めが広がる

秋の黄葉に包まれる枚岡山展望台

　大原山は、府民の森なるかわ園地にある平らなピークで、すぐ隣のぼくらの広場からの大阪方面の眺めは抜群だ。奈良県側の修験場から、大阪府側の枚岡《ひらおか》梅林に抜けるコースは見どころが多く、季節を選ばず満足できるだろう。

　近鉄生駒線**元山上口駅**《もとさんじょうぐち》から、踏切と橋を渡って道なりに進み、**生**《い》**駒山口**《こまやまぐち》**神社前**を左折する。１００メートルほど先で右折し、のどかな田園の中を行くと、広域農道の巨大な橋をくぐる。苔むした清滝《きよたき》磨崖仏・石仏群をすぎると、**ゆるぎ地蔵**に着く。左へ進み、次の分岐でまず直進して役行者ゆかりの修験の寺・千光《せんこう》寺に立ち寄ろう。

　千光寺からは、奥に進み、急峻な行場ルートをとることもできるが、上級者向き。ここは先ほどの分岐に戻り、鳴川《なるかわ》不動滝から続く沢沿いの道を行く。竹林の中に千光寺の行場である鐘掛岩を見てさ

■**鉄道・バス**
往路＝近鉄生駒線元山上口駅。
復路＝徒歩で近鉄奈良線枚岡駅へ。

■**マイカー**
登山口と下山口とが異なるため、マイカーは適さない。

■**登山適期**
鳴川峠付近にツバキが咲く冬、枚岡梅林がにぎわう2月下旬、千光寺への道や府民の森周辺のサクラの４月、サツキツツジの５月後半がよい。鳴川峠の紅葉は特筆ものだ。

■**アドバイス**
▽清滝磨崖仏・石仏群は平群町の指定文化財。八尺地蔵、五智如来、貝吹、法螺吹、はらみ地蔵が次々に現れる。
▽千光寺は役行者が大峰山に入る前の６６０年ごろに修行した地で、元山上とよばれる。その行場には、奥の院、西ノ覗、平等岩、大黒岩、蛙岩、蛇腹岩のほか、高さ15メートルはあろうかという鼓岩がある。
▽枚岡梅林には、30品種約２００本の梅が植えられている。明治時代初期に枚岡神社の氏子が植樹したのが起源。

■**問合せ先**
東大阪市商業課☎06・４３０９・３１７６、奈良県平群町観光産業課☎０７４５・45・１０１７

■**２万５０００分ノ１地形図**
生駒山・信貴山

らに進めば、やがて古い標石が立つ行場ルートとの分岐に合流する。ぬかるみがちな道を進み、生駒信貴スカイラインのガードをくぐると、**鳴川峠**に着く。

峠で右折して、生駒山地の主稜線を北にたどれば、ひと登りで大原山だ。続いて、あずまやのある五つ辻を左前方に進めば、すぐに**ぼくらの広場**に出る。すばらしい眺望を楽しみたい。

下山は、公衆トイレの前を通り、大きなタブノキの左からのびる「神津嶽《かみつだけ》ハイキングコース」をとる。管理事務所を経てさらに下り、ふれあい広場を通って枚岡神社創祀の地である神津嶽のピークを踏む。その先が**枚岡山展望台**で、東大阪の街並みを一望できる。南側の遊歩道を下ると、花見の季節には露店が出てにぎわう枚岡梅林だ。枚岡神社の参道に合流して鳥居をくぐり、近鉄奈良線**枚岡駅**へ。

CHECK POINT

1 広域農道の高い橋を見上げる。この橋の下を通って揺るぎ地蔵方面に車道を歩いていく

2 清滝石仏群のひとつ、貝吹地蔵。付近には八尺地蔵磨崖仏、五智如来（五尊仏）などが集まっている

3 右は千光寺、左はすぐ先の鳴川不動滝を経て谷筋を鳴川峠に続く

4 古い標石が立つ分岐は、行場道の合流点だ。鳴川峠へは直進していく

5 信貴生駒スカイラインのガードをくぐると鳴川峠に出る。北進して大原山に向かって登っていく

6 目立たない山頂の大原山。この先、ぼくらの広場で休憩をするとして、早々に出発しよう

7 ぼくらの広場でひときわ目立つ巨大なタブノキ。展望所からは東大阪市街、大阪市内の雄大な眺めが広がる

8 枚岡梅林には約400本の梅の木があり、季節には大勢の花見客でにぎわう

35

高安山

歴史のロマンあふれる峠から要塞の山へ

日帰り

たかやすやま 487m

歩行時間＝3時間20分
歩行距離＝8.8km

技術度

体力度

コース定数	＝**15**
標高差	＝454m
累積標高差	↗610m ↘583m

生駒《いこま》山地は、古来より大和《やまと》と河《かわ》内《ち》を峠越しに結ぶ交通の要衝で、交易や国防に重要な役割を担っていた。数多くの伝説を持つ十三《じゅうさん》峠から、古代の要塞で知られる高安山を、歴史のロマンに浸りながら歩いてみよう。

服部川駅《はっとりがわ》から、駅前の通りに出て左折し、次の角を右折する。八《や》尾《お》市立歴史民俗資料館の前を通り、2本目の角を右折する。緩やかな坂道を登ると、府指定天然記念物の大クスノキが印象的な**玉祖**《たまおや》**神社**に着く。

神社前の道を北に進み、神立《こうだち》茶屋から沢筋の道に入ると石仏が次々に現れる。ヤブツバキの並木をすぎ、神立園地

八尾市神立から見た高安山

麓からも目立つ、高安山気象レーダー

■鉄道・バス
往路＝近鉄信貴線服部川駅から徒歩。
復路＝徒歩で近鉄信貴線信貴山口駅へ。

■マイカー
十三峠の大阪側に無料駐車場がある。峠越えの狭い林道は、カーブの連続なので走行注意。

■登山適期
水呑地蔵尊のサクラは4月上旬、カエデは11月下旬～12月初旬。おおみちルートを彩る一面のカエデ林は一見の価値あり。高温多湿な夏季は登山に向かない。冬の積雪はまれ。

■アドバイス
▽高安山には7世紀に唐や新羅の攻撃に備え、要塞が築かれた。1999年に大阪側の斜面に石垣が発見された。戦国時代には、松永久秀が信貴山城の出城として高安山山頂に城を築いている。
▽水呑不動尊は、836年に僧・壱演が旅人を思い、祈祷して霊水を得たという。
▽十三峠は、聖徳太子が法隆寺から四天王寺に通った道のひとつとされる。また、平安歌人の在原業平が高安の娘のもとに通った峠だともいう。

■問合せ先
八尾市産業政策課 ☎072・924・3845

■2万5000分ノ1地形図
信貴山

の遊歩道を分け、急坂を登ると、**水呑《みずのみ》地蔵尊**だ。祠では清水がこんこんと湧き出ている。本堂前のデッキからの眺めが秀逸。

　本堂の右手から花塚を抜け、美しいカエデ林を通る。みずのみ園地展望広場の脇をすぎて車道に沿って進み、信貴《しぎ》生駒スカイラインをくぐると、石仏が立つ**十三峠**に出る。歩きやすい山道を南に進み、「信貴山・高安山」の標識の分岐を右に下ると、スカイライン沿いに道が続く。やがて**立石越《たていし》**（**北口**と南口の2か所あり）の分岐をすぎ、ガード下をくぐる。さらに一元《いちげん》ノ宮《みや》の前を通って信貴山への分岐に出る。右に行き、すぐの電柱の脇から踏跡をたどると、雑木林の中に三角点がひっそりとたたずむ**高安山**に着く。

　元の道を先に進み、高安山気象レーダーを経て**開運橋《かいうん》**に着く。橋の下を回り込み、おおみちルートを下る。雑木林はやがて一面の美しいカエデ林になる。もみじの苑をすぎ、法蔵寺《ほうぞう》の前に下りる。住宅街を通り、踏切を渡り、すぐ左の細道を進めば**信貴《しぎ》山口駅《さんぐち》**だ。

CHECK POINT

八尾市立歴史民俗資料館の前を通る

玉祖神社にある、大阪府指定天然記念物の大クスノキ

神立茶屋辻から水呑不動尊までは、路傍に石仏が多い

水呑不動尊の本堂前のデッキから見た八尾方面の展望

戦国時代に城が築かれた高安山の山頂

開運橋の左から回り込み、橋をくぐっておおみちルートに入る

おおみちルートのコシアブラの黄葉

おおみちルートのすばらしい紅葉

36

万葉の息吹を感じるファミリーハイクの山

二上山

にじょうざん
517m

日帰り

歩行時間＝3時間30分
歩行距離＝7・0km

技術度
体力度

コース定数＝**14**

標高差＝427m

累積標高差 570m 585m

春霞の中、鹿谷寺跡から二上山雌岳を見上げる

万葉集にも歌われた二上山は、古くは「ふたかみやま」とよばれ、雄岳、雌岳の両ピークが織りなす優美なシルエットが印象的だ。南側の竹内《たけのうち》峠は、遺隋使はじめ、大和と難波《なにわ》を結ぶ交通の要衝だった。現在はファミリーハイクの山として人気が高い。

近鉄大阪線**二上神社口駅**から西へ、三神社が合祀された加守・倭文・二上神社の左手から登山道に入る。**二上山駅分岐**をすぎ、コナラやクヌギが美しい雑木林を登る。

ふたかみパークからの登山道を左から迎え、悲劇のプリンス・大津皇子《おおつのみこ》墓を見たら、すぐに葛城第26番経塚と二上神社に着く。その左奥が**二上山・雄岳《おだけ》**の小広い台地状の山頂だ。

整備された木製階段を通り、**馬の背**に着く。祐泉寺《ゆうせんじ》からの登山道がここで合流する。トイレと売店の間の道をひと登りすれば、三角点のある**二上山・雌岳《めだけ》**の山頂に着く。西は淡路島、明石大橋、東は大和《やまと》三山、龍門《りゅうもん》山塊、大峰《おおみね》山脈まで一望できる。

馬の背からは南西に下る。展望台の脇を通り、大きな露岩帯を下り、8世紀ごろに栄えた**鹿谷寺跡**《ろくたんじ》

■**鉄道・バス** 往路＝近鉄南大阪線二上神社口駅。復路＝太子町役場バス停から近鉄バスで近鉄長野線喜志駅、またはたいしのってこバス春日・畑線で近鉄南大阪線上ノ太子駅へ。

■**マイカー** 登山口、下山口ともに駐車地はないが、二上山のピークに登るだけなら、万葉の森の無料駐車場を利用できる。

■**登山適期** 雌岳周辺を染める桜（4月上旬）、ツツジ（4月下旬～5月上旬）と、紅葉彩る晩秋がよい。冬の積雪は少ない。初夏はササユリが咲く。

■**アドバイス** ▽地元では、昔から鹿のことを「ろく」とよび、鹿谷寺などの地名が残る。「ろくわたりの道」の名は、これに因んで太子町が命名した。▽グリーンロードを北進し、日帰り入浴や食事ができる太子温泉（☎0721・98・4126）に下るのもよい。

■**問合せ先** 太子町観光産業課☎0721・98・0300、奈良県葛城市商工観光課☎0745・48・2811、近鉄バス☎072・949・4681、たいしのってこバス☎0721・98・5531

■**2万5000分ノ1地形図** 大和高田

を経て、「ろくわたりの道」入口に向かう。緑の濃い雑木林の中を登って、モチツツジの多い支尾根に合流する。左に行き、送電線鉄塔が見えたら再び左へ。白い露岩帯から急な階段を下りて南阪奈道路のガード下をくぐる。水路沿いの道を経てミカン畑の農道に出る。南河内グリーンロードに出て100メートルほど南に進み、右の細道に入って**竹内街道歴史資料館**に出る。

旧山本家住宅をはじめ、古い町並みを残す竹内街道の風情を楽しみつつ、住宅街に出て六枚橋《ろくまいばし》東交差点を右前方へ進み、次の六枚橋交差点を左折し**太子町役場バス停**に着く。

最古の街道の歩みを学べる、竹内街道歴史資料館

CHECK POINT

1 二上山駅からの登山道との合流点には休憩ベンチがある

2 雄岳への登路中、唯一の鉄製階段

3 悲劇のプリンス・大津皇子の墓

4 二上山・雄岳にある二上神社。保全のため入山料を徴収している日もある

5 鹿谷寺跡手前の露岩からは大阪方面の眺めが広がる

6 ろくわたりの道では、モチツツジの多い支尾根に乗ると左へ進む

7 送電線鉄塔が見えたら左折する

8 単純温泉が湧く太子温泉に下山するのも一案

37

岩橋山

古代のロマンに思いをはせる「名石めぐり」の道

日帰り

いわはしやま
659m

歩行時間＝4時間20分
歩行距離＝10・0km

技術度

体力度

コース定数	＝20
標高差	＝579m
累積標高差	905m / 800m

一須賀古墳群付近から見た岩橋山（右）

磐船神社の巨大な磐座に、はるか古代のロマンを感じる

河南《かなん》町平石《ひらいし》から見る岩橋山は、送電線鉄塔が目立つが、堂々とした存在感がある。山頂付近には個性的な岩が散在し、古代のロマンを秘めた「名石めぐり」のハイキングが楽しめる。

平石バス停跡から先に進み、地蔵堂のすぐ先で右に入る。集落を抜けて、林道のY字分岐を左に進む。獣除けゲートを2回越えて、谷沿いに緩やかに登っていくと**林道終点**に着く。左の斜面をジグザグに急登するが、支尾根に乗っても、急坂はしばらく続く。

やがて支尾根から左にトラバースすると、突然、名石めぐりの一番手、**胎内くぐり岩**が見える。左から巻けるが、狭い岩の隙間をくぐるのもおもしろい。

ここからは名石めぐりが続く。次の分岐を左進し、一本北の尾根を左へ少し下る。送電線鉄塔の下からササやぶを抜け、その先の分岐を右へ下りると、鍋釜《なべかま》石に着く。右奥の踏跡をたどると30㍍ほどで牛《うし》の背《せ》石がある。先ほどの分岐に戻り、右へ40㍍ほど入ると**鉾立《ほこたて》石**がある。元の尾根に戻り、さらに急坂を登って**久米《くめ》の岩橋《いわはし》**に着く。ダイヤモンドトレールに合流し、左にわずかで**岩橋山**の山頂に着く。ひと休みしたら北へ、ひたすら

■鉄道・バス
往路＝近鉄長野線富田林駅からタクシーで旧金剛バス平石バス停跡へ。
復路＝近つ飛鳥博物館前バス停から4市町村コミバス喜志駅前行きに乗り、終点で下車。

■マイカー
近つ飛鳥風土記の丘の無料駐車場を使えるが、開園時間や休館日に注意したい。平石周辺に駐車場はない。

■登山適期
冬から新緑のころが歩きやすい。道中は植林が多く、紅葉はあまり望めない。名石めぐりコースは、夏季はやぶが濃くなるので避けたい。

■アドバイス
▽久米の岩橋は、役行者が一言主に大峰山までの橋を建設するよう命じたものの、実現できなかった痕跡だと伝わる。
▽磐船神社は、巨大な磐座が鎮座する神秘的な場所だ。ご神体の哮峰（たけるがみね）に、饒速日命が降臨し、境内に舟形の岩が48あるという。

■問合せ先
河南町農林商工観光課（4市町村コミバスも）☎0721・93・2500、奈良県葛城市商工観光課☎0745・48・2811、近鉄タクシー☎0570・06・9001

■2万5000分ノ1地形図
御所

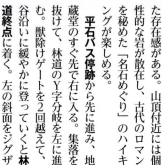

急坂を下り続けると、**平石峠**に着く。左折してすぐに葛城第24番経塚を見て、谷道を下る。「車両通行不可」の大看板が立つ辻を右に進むと、凛とした雰囲気の**高貴寺《こうきじ》**に着く。山門から右の林道をとり、**磐船《いわふね》神社**に立ち寄ろう。

一度、車道を横断し、山道を登り返して**平石《ひらいわ》城跡**へ。金剛山脈北部の眺めがすばらしい尾根道をたどり、展望台と古墳群を経て、「近つ飛鳥風土記の丘」に下りる。敷地を出たらすぐそこが**近《ちか》つ飛鳥《あすか》博物館前バス停**だ。

近つ飛鳥風土記の丘は、桜の名所でもあり、春には花見客が多い

CHECK POINT

1 平石の地蔵堂をすぎたらすぐ右折する

2 林道のY字分岐は左に進む

3 胎内くぐりの巨岩が突然眼前に現れる。狭いが、くぐってみよう

4 3段の階段のように加工された久米の岩橋

5 三角点が据わる岩橋山の山頂

6 農道を右に進み、葛城第25番経塚がある高貴寺へ向かう

7 南北朝時代、楠氏の挙兵に呼応して城が築かれた平石城跡には、小さな祠が残る

8 近つ飛鳥風土記の丘には6～7世紀に造られた102基の古墳が残る。下山途中もいくつかの古墳の脇を通る

38

自然に還りつつある静寂の峰から、天誅組が越えた峠へ

東條山・中葛城山

とうじょうやま　880m
なかかつらぎさん　938m

日帰り

歩行時間＝4時間10分
歩行距離＝8・7km

技術度
体力度

コース定数	＝20
標高差	＝611m
累積標高差	↗902m ↘594m

中葛城山からの、奈良県五條市方面の展望

東條山、高谷山《たかたにやま》、中葛城山の3座は、900㍍前後の標高がありながら、盟主・金剛山《こんごうさん》のすぐ南にあるために目立たない。しかし、美瀑の大住《おおすみ》谷、コナラやリョウブの自然林が美しい東條山、絶景の中葛城山は、一度は歩いておきたい。

小深《こぶか》バス停から交差点を左へ。バス道を少し歩き、大住谷の橋の手前で右の林道に入る。右に美しい滝が2つ続く。浅いものの、釜をもつ滝は金剛山地では珍しい。林道はしだいにやぶが深くなる。大住谷の右岸沿いの踏跡は、最近は歩く人が減り、倒木で荒れている。シダがうっそうと茂る林床を踏み分け、稜線のコルに出る。

コルを左にとり、急斜面をまっすぐ登る。村界尾根の小ピークからは、自然林の中を歩き、**東條山**に着く。小鳥のさえずりと、枝

大住谷の詰めは一面のシダの林床を行く

■鉄道・バス
往路＝南海河内長野駅から南海バス金剛山ロープウェイ前行きに乗り、小深で下車。
復路＝金剛山ロープウェイ前から南海バス河内長野駅前行きに乗り、終点で下車。

■マイカー
金剛山ロープウェイ前の有料駐車場を利用し、南海バスで小深に出る。

■登山適期
夏はアブなど虫が多く、避けたい。東條山周辺は新緑がよい。久留野峠からの下山路は、冬は凍結するのでアイゼンは必須。8月は大住谷の下部にイワタバコ、9月は小深にシュウカイドウやツリフネソウが咲く。

■アドバイス
▽中葛城山の三角点は、山頂標識から西に100㍍ほど進み、森林帯に入ったあたりで右へササやぶの中の薄い踏跡を分けながらさらに100㍍ほど入ったところにある。

■問合せ先
千早赤阪村農林商工課☎0721・72・0081、河内長野市環境経済部産業観光課☎0721・53・1111、南海バス河内長野営業所☎0721・53・9043

■2万5000分ノ1地形図
五條

間を抜ける風の音に耳を澄ませよう。

　山頂をあとにし、林業のガレージがある**五條林道分岐**に下りる。直進し、ダイヤモンドトレールに合流したら、左にわずかで**千早《ちはや》峠**に着く。文久3（1863）年、尊王倒幕の先駆けとして知られる天誅組が、観心寺《かんしんじ》からこの峠を越えて五條の代官所を襲撃した。

　千早峠からはダイヤモンドトレールをたどる。木製階段を登り、小ピークに出る。続いて地形図に935メートルの記載がある緩やかなピークを通る。さらに西に少し進んだ小ピークが、**高谷山標識点**だ。北側直下に新しい林道が見える。

　緩い起伏をこなし、右側の眺めが開けたら**中葛城山**に着く。ピークらしからぬ場所に、山頂標識が立っている。晴れれば五條方面を見下ろせるが、ササ原に霧が出ても、風情があるところだ。

　急な階段を下り、**久留野《くるの》峠**を左折して、沢沿いの一本道で旧ロープウェイ駅の直下に下りる。舗装道を下り、**金剛山ロープウェイ前バス停**に着く。

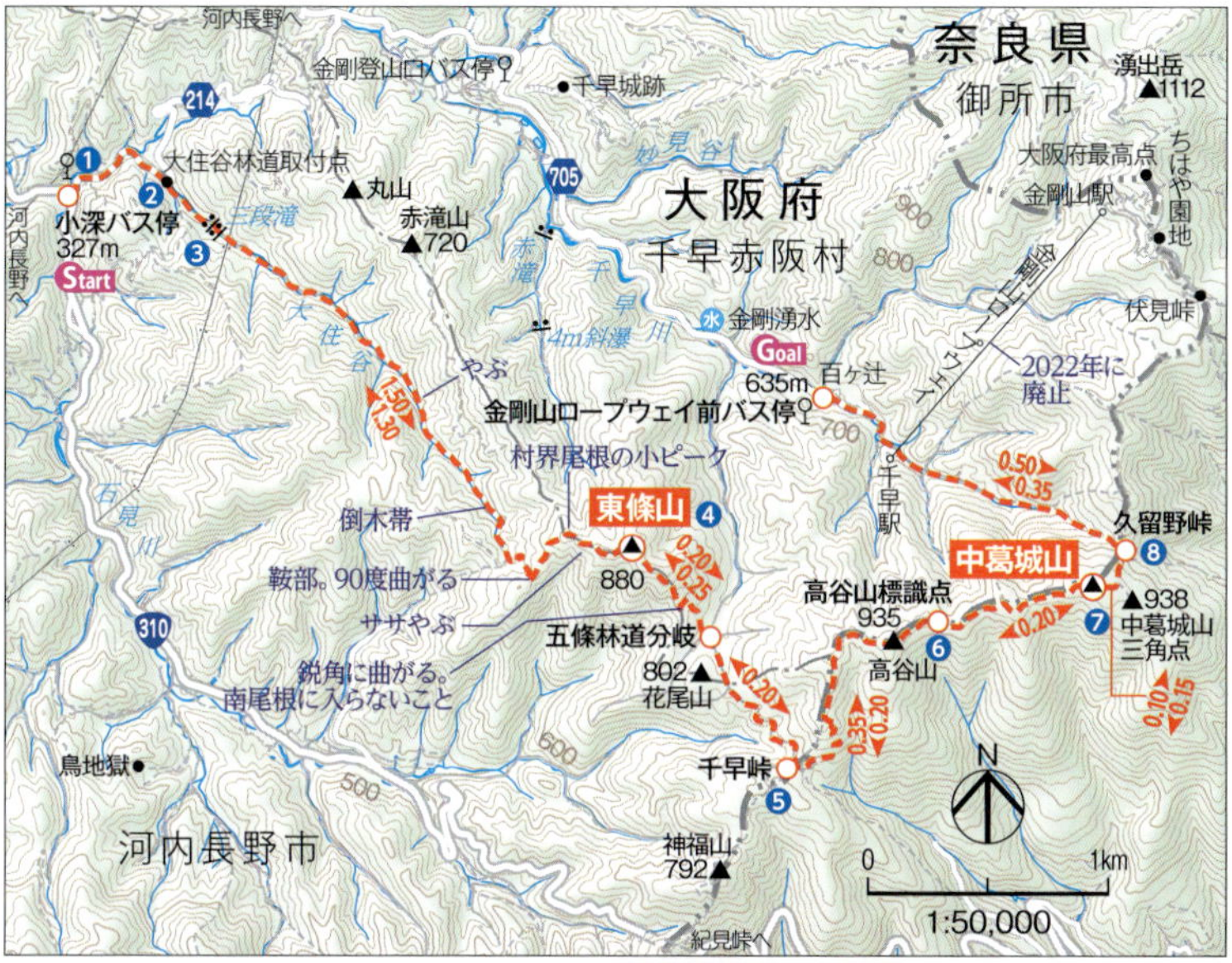

CHECK POINT

小深の交差点を、車に注意しながら左へ進む

橋の手前で、大住谷林道に入る

大住谷にかかる3段の滝

リョウブやコナラに囲まれた東條山の山頂。展望はないが、自然林の緑が心地よい

かつて尊皇倒幕の天誅組が越えた千早峠

高谷山の標識が立つなだらかなピーク

南側がササ原になっている中葛城山

奈良側では「くりの」とも読まれる久留野峠

39

神福山・タンボ山

修験の峰と峠を訪ねる、ダイヤモンドトレール中盤の縦走

じんぷくさん　792m
たんぼやま　763m

日帰り

歩行時間＝4時間35分
歩行距離＝12・2km

技術度 1/5
体力度 1/5

コース定数＝**19**

標高差＝232m

累積標高差　↗661m　↘994m

五條市上之町付近から見た神福山（中央奥の三角形のピーク）

葛城第19番経塚がある神福山の山頂

千早《ちはや》峠から紀見《きみ》峠までのダイヤモンドトレール（ダイトレ）は、大和《やまと》葛城山《かつらぎさん》、金剛山《こんごうさん》、岩湧山《いわわきさん》周辺に比べて人が少なく、修験道らしい静かな山歩きが楽しめる。神福山、タンボ山ともに、ピークが縦走路からわずかにはずれているが、忘れずに踏んでおきたい。

鱒釣場《ますつりば》バス停からバス道を少し登り、金剛湧水向かい側の車止めゲートから池《いけ》ノ川谷林道に入る。林業のガレージがある五《ご》條《じょう》林道分岐で左折し、千早峠のすぐ西側で**ダイトレ合流点**に着く。しばらくダイトレを進み、神福山と大沢寺《だいたく》の由緒を示した看板のところで左の細い尾根を登ると、数分で**神福山**に着く。頂には葛城第19番経塚と笹尾《ささお》神社の小祠がある。

山頂をあとに縦走路に合流し、金剛トンネルの真上を通り、**行者杉《ぎょうじゃすぎ》**に出る。杉の古木の下

■鉄道・バス
往路＝南海高野線河内長野駅から南海バス金剛山ロープウェイ前行きに乗り、鱒釣場バス停で下車。
復路＝徒歩で南海高野線紀見峠駅へ。

■マイカー
登山口と下山口が異なるので、マイカーは適さない。

■登山適期
植林帯が多いので直射日光は受けないが、夏は虫が多く不適。冬は積雪や凍結に備え、軽アイゼンを携行。

■アドバイス
▽和歌山側へは大沢寺を経て田園5丁目に下れる（1時間15分）。西ノ行者堂から天見道で南海天見駅に下れる（1時間30分）。
▽宿泊温泉施設の紀伊見荘（☎0736・36・4000）では、金〜日曜と祝日に日帰り入浴ができる。

■問合せ先
千早赤阪村農林商工課☎0721・72・0081、河内長野市環境経済部産業観光課☎0721・53・1111、和歌山県橋本市経済推進部シティプロモーション課☎0736・33・1111、南海バス河内長野営業所☎0721・53・9043

■2万5000分ノ1地形図
五條・岩湧山

の祠に役《えんの》行者像が安置されている。杉尾《すぎお》峠、タンボ山の大きな標識をすぎて、休憩ベンチのところでダイトレをはずれ、右の踏跡をたどると、**タンボ山**の三角点に着く。今では眺めが得られないのが残念だ。

ダイトレに戻り、西進する。十字峠への分岐をすぎ、**西《にし》ノ行者堂**に着く。南に少し入ったところに小さな行者堂があるので寄ってみよう。

柱本《はしらもと》道の分岐、天見《あまみ》道の分岐を経て、長い階段をひたすら下っていく。橋を渡り、林道の分岐を右にとれば**山ノ神**に着く。ここも南に少し入ると小祠がある。舗装林道を川沿いに下り、旧国道に出る。ここにはきれいな公衆トイレがある。旧国道を南に進み、途中で細道に入り、下り続ける。里に出て紀見峠への標識にしたがい、紀伊見《きいみ》荘《そう》の脇を通り、南海**紀見峠駅**へ。

CHECK POINT

車止めゲートから池ノ川谷林道に入る

ダイヤモンドトレールに合流し、西へ進む

「神福山と大沢寺」の看板の左から細い尾根を登ると神福山のピークだ

神福山ピークからは、西側の踏跡からダイトレに戻る

行者杉からは遠く大峰山系の弥山が望める

タンボ山三角点は腰かけ用の丸太で囲まれている

十字峠への分岐では林業用の作業道が錯綜するが、尾根道をキープすればよい

山ノ神の小祠で、修験道の雰囲気をしめくくる

40

日帰り

府庁山・旗尾岳

駅から歩けるミニ縦走で、1日三座のピークハント

ふちょうやま　610m
はたおだけ　548m

歩行時間＝4時間10分
歩行距離＝8・0km

技術度 体力度

コース定数＝17

標高差＝425m

累積標高差 667m 625m

流谷林道から見た旗尾岳

府庁山、旗尾岳は、金剛《こんごう》山地の支稜上、南天《なんてん》の郷《さと》・天見《あまみ》の東側にある。複数の送電線が入り組んでいるが、その切り開きのおかげで、金剛山《こんごうさん》や岩湧山《いわわきさん》を展望できるポイントが得られる。バスに乗ることなく、電車の駅から手軽にアクセスできるのがよいが、アップダウンの多いミニ縦走は、意外に手ごわい。

南海高野線**千早口《ちはやぐち》駅**の改札を出て、地下道を通って線路をくぐり、細い道を通って南河内《みなみかわち》グリーンロードに出る。倉掛《くらかけ》トンネルの200メートルほど手前に、右に大阪府の標石が立つ細い山道に入る。それより手前の幅広の林道は、私有地で立入禁止だ。

クヌギ峠の十字路で右折し、スギの植林の中、いきなり強烈な坂を登る。小ピークを越えると、北側が若干開け、再び樹林に入ると、すぐに三角点がある**田山《たやま》**の山頂に着く。直下の鉄塔をすぎると、右側が雑木林に変わる。2つ目の鉄塔をくぐり、鞍部から尾根を登り返す。T字分岐で右の尾根をたどると府庁山最高点に着く。表示板はなく、いくつかの切り株だけが目印だ。

先へ進み、美しい雑木林を抜け、右側が若い植林の府庁山610メートルピークに着く。私製の小さな表示がなければ気づかないような場所だ。さらに100メートルほどで、府の境界石柱が鎮座する**府庁山三差路**に出る。

三差路を右に行くと、左の伐採跡から岩湧山方面が見える。鉄塔手前で**経塚への分岐**に着く。ここ

■鉄道・バス
往路＝南海高野線千早口駅で下車。
復路＝徒歩で南海高野線天見駅へ。
■マイカー
千早口駅、天見駅ともに周辺に駐車場はない。
■登山適期
稜線付近の雑木林の新緑が美しい4～5月がベスト。標高が低く暑いうえ、虫が多いので、夏場は避けたい。冬は若干積雪しても、長くは残らない。凍結に備え、軽アイゼンがあれば足りる。
■アドバイス
▽府庁山の名は、大阪府が個人の山林を借りて昭和4年から70年契約で植林し、里人が「府庁の山」とよんだことによるという。
▽旗尾岳は、天見富士ともよばれ、麓から三角の端正な形が見られる。楠木正成の山城・旗尾塞があったというが、遺構は見当たらない。
▽天見駅から徒歩3分の天見温泉南天苑（☎0721・68・8081）では、ちょっとリッチな食事をとれば日帰り入浴もできる。要予約。本館の建屋は国の登録有形文化財。
■問合せ先
河内長野市環境経済部産業観光課☎0721・53・1111
■2万5000分ノ1地形図
五條・岩湧山

で、葛城第18番経塚から才ノ神林道に下りる道が分かれる。経塚までは往復20分ほどだ。経塚の分岐を直進し、548メートルピークを越え、まっすぐな急坂を登る。いくつか小ピークを越え、鉄塔をすぎたら、地味な**旗尾岳**の頂に着く。次の鉄塔下で左の踏跡を下れば、林道に出て**天見駅**は近い。

田山直下の鉄塔下から見た金剛山地の眺め

CHECK POINT

1 千早口駅の改札を出てすぐの地下道を通る

2 倉掛トンネルが見えたら右の登山口を探そう

3 大阪府の標石が立つ登山口

4 クヌギ峠をすぎると、ものすごい急坂に出くわす

5 木に囲まれ展望はない田山

6 地名表示はなく、切株だけが目印の府庁山最高点

7 府庁山三差路には府の境界標石が埋まる

8 樹林の中でひっそりとした旗尾岳

天見駅付近から見た根古峰は堂々とした山容だ

41 根古峰

巨樹の神社から、ヤマアジサイの咲く山へ

日帰り

ねこみね
749m

歩行時間＝4時間25分
歩行距離＝12・6km

技術度

体力度

コース定数	＝21
標高差	＝522m
累積標高差	↗880m ↘880m

長尾ルートや岩湧山への分岐である五ツ辻

根古峰は、山頂がダイヤモンドトレール（ダイトレ）から少しはずれているため、訪れる人が少ない不遇の山だ。ここで紹介する葦《あし》谷、とち谷のルートはいずれも道標がなく、意外に深山の趣を感じさせる。流谷《ながれたに》の農村風景と併せて楽しみたい。

天見駅《あまみ》から出合《であい》の辻《つじ》交差点で国道371号を渡り、流谷林道に入ると、右に赤い橋が見えてくる。対岸にある八幡《はちまん》神社では、大クスノキと、大阪府指定天然記念物である樹齢400年のイチョウに圧倒される。巨樹の生命力を間近で感じてみよう。

流谷林道に戻り、簡易浄水施設の少し先の白いガードレール橋の手前（**葦谷出合**）で左の林道に入る。途中、草深いところもあるが、沢沿いに林道を進む。左右の沢筋に堰

■鉄道・バス
往路・復路＝南海高野線天見駅が起点・終点となる。

■マイカー
天見駅周辺は道路が狭く、駐車スペースはない。

■登山適期
ほとんど植林の中だが、葦谷、とち谷とも、6月中旬にヤマアジサイの群落がいっせいに開花するころがベスト。冬季はわずかに積雪することもあり、軽アイゼンは必携。雨後は、とち谷の徒渉が難しくなるので避けたい。

■アドバイス
▽八幡神社のクスノキは幹周り5.5メートル、イチョウは5メートル。高さはいずれもおよそ30メートルという。八幡神社は1039年に京都の石清水八幡の神体を勧請し創建された。
▽葛城第16番経塚へは、小道に入って小橋を渡る。「昭仁親王継宮明仁親王殿下御降誕記念」石碑の数メートル先を左折してすぐ右折。イノシシ除けのトタン柵を越え、丸太ハシゴをよじ登る。斜面に切った狭い踏跡を左へすぐ。往復15分。

■問合せ先
河内長野市環境経済部産業観光課☎0721・53・1111

■2万5000分ノ1地形図
岩湧山

堤がある林道終点で、右の急坂をたどる。

植林帯のつづら折りからヤマアジサイの群落がはじまる。稜線に乗ってから、再度、急登をこなし、分岐を左に進むと**根古峰**の山頂に着く。

三角点の脇から踏跡を拾うと、ダイトレの根古峰標識点に出る。ダイトレを南西にとり、**南葛城山方面分岐**を直進。左に小さな沼地がある。錦命水でのどを潤したら、**五ツ辻**に着く。自然林の美しい長尾を下り、植林に変わるころ、ヤマアジサイ群落を通り抜ける。とち谷を渡り、美しいナメを見て林道を下る。途中、倒木帯があるので注意して歩こう。とち谷の下部は滝が多く、あきさせない。

とち谷出合で流谷林道に出る。右に進み、珍しいループを経て竹ノタワを越える。途中、電話ボックスのような建造物の脇から小道に入り、葛城第16番経塚に寄っていこう。あとは、のどかな農村風景の中を**天見駅**に戻る。

CHECK POINT

流谷の八幡神社では幹周り5メートル超の大クスノキに迎えられる

葦谷林道は車両通行止めだ

ヤマアジサイ群落の中を急登する

ダイヤモンドトレール合流点にある「根古峰」の標識

南葛城山方面への分岐

とち谷の徒渉箇所の直下に見られる美しいナメ

流谷林道の珍しいループトンネル

美しい流谷の棚田と旗尾岳を見ながら天見駅へ

42

日帰り

南葛城山

深いササやぶに隠された和泉山脈最高峰と千石谷の美渓を歩く

みなみかつらぎさん
922m

歩行時間＝5時間30分
歩行距離＝11.0km

技術度 ▲▲▲▲▲（3/5）
体力度 ♥♥♥♥♥（2/5）

コース定数	＝23
標高差	＝647m
累積標高差	↗958m ↘958m

岩湧山から見た南葛城山のどっしりとした山容

千石谷最大の滝・大滝（別名ウナギ滝）の落差は15メートル

南葛城山は、和泉山脈の最高峰でありながら、深いササやぶに阻まれて登山者もまれだ。山慣れた人に似合う、静かな山行を楽しめる。北側は急峻で、クレン谷、サカモギ谷は沢登りのルートとしても知られる。

滝畑《たきはた》ダムバス停から府道61号をひたすら南へ進む。**中《なか》ノ茶屋橋《ちゃやばし》登山口**まで舗装道歩きが続く。橋の手前で左の登山道に入り、植林帯の急坂を登る。左側が雑木林に変わると支尾根に乗る。送電線鉄塔71の手前で主稜線に出合い、右へさらに登り続ければ**ノゾキ平《だいら》**だ。その名に反して、今は展望はない。

東へ直進し、822メートルピークを北から巻き終わると自然林になり、もろい斜面を横切る。サカモギ谷から突き上げる踏跡を迎えると、ほどなくササやぶの登りとなる。次いで**山頂近道の分岐**を右へ。深いやぶを分けて**南葛城山**の開けた山頂に着く。

下山は、南側にすぐの蔵王《ざおう》峠への分岐を左折する。

■**鉄道・バス** 往路・復路＝南海高野線河内長野駅から、日野・滝畑コミュニティバスで終点の滝畑ダムへ。帰路も同路線を使用。

■**マイカー** 滝畑湖畔観光農林組合のレストラン・売店の駐車場または光滝キャンプ場駐車場に駐車可。ともに有料。

■**登山適期** 積雪時を避ければ通年楽しめる。冬期はサカモギ谷の頭のトラバース箇所に備え軽アイゼンを携行する。

■**アドバイス** ▽コース取りが難しく読図力が必要。トラバース、やぶ漕ぎ、徒渉の技術もいる。初心者だけの入山は控えること。ササダニ対策として、できるだけ肌の露出が少ない服装で臨もう。

▽千石谷林道の林間歩道入口からのアプローチは、橋が腐食し使用不能のため、早い流れを徒渉する必要がある。出合橋のひとつ先の金属製の橋からの道は、途中の踏跡がかなり薄く、下山に使う方が無難。

■**問合せ先** 河内長野市役所☎0721・53・1111（日野・滝畑コミュニティバスを含む）、南海バス河内長野営業所☎0721・53・9043

■**2万5000分ノ1地形図** 岩湧山

一本杉《いっぽんすぎ》には、内側が朱塗りの葛城第14番経塚（鏡《かがみ》ノ宿）の祠が建つ。祠の右から回りこみ、背丈ほどもあるササやぶを分ける。50～60メートル先で踏跡が二分するが、ややわかりやすい右の方を行く。猛烈なやぶも200メートルほどで樹林帯に入ると落ち着いてくる。

道なりに下ると、自然林の狭い尾根になる。最後は暗い植林帯をつづら折りに下ると、**千石**《せんごく》**谷**《だに》**徒渉点**に着く。飛び石を慎重に伝って沢を渡り、千石谷林道を左にとる。

林道から左に大滝が覗ける。少し先で左の遊歩道に下りて、**大滝遊歩道終点**から迫力の滝を間近に見よう。元の林道に戻り、渓谷美を楽しみながら進む。岩湧山《いわわきさん》への登山道の横断点を左にとり、滝畑ダム売店横に出る。北にわずかで**滝畑ダムバス停**だ。

CHECK POINT

中ノ茶屋橋の手前が登山口。小さな黄色い標識が目印だ

左側が切れ落ちた危険箇所は細心の注意を払い通過しよう

沢登りルートであるサカモギ谷からの枝道には絶対に入らないこと

しだいにササが深くなってくる

広い台地上になった南葛城山の山頂は長休止に向く

一本杉には葛城第14番経塚（鏡ノ宿）の小さな小屋がある

背丈ほどもあるササやぶを分けて進む。進路を見失わないように

千石谷を注意深く徒渉し、千石谷林道に出る

43

登りがいのある、岩湧山支稜のミニ縦走コース

一徳防山・編笠山

日帰り

歩行時間＝5時間15分
歩行距離＝10・7km

技術度
体力度

いっとくぼうさん 541m
あみがさやま 635m

コース定数＝21
標高差＝466m
累積標高差 735m 723m

槇尾山方面から見た旗倉山、一徳坊山、編笠山

ユニークな名の一徳防山は、「徳のある坊さんが修行していた」との説があるが、定かではない。一徳防山と編笠山は、河内長野市の南部から岩湧山《いわわきさん》に続く支稜線上にあり、アップダウンが連続し、やせ尾根の縦走は歩きごたえがある。すばらしい展望が楽しめるのも魅力だ。

中日野《なかひの》バス停からすぐの左の坂道に入る。左に大きくカーブを描くところ、林道へ右折し、ため池の手前で左の山道に入る。竹やぶを抜け、ヒノキ林に変わるとU字に掘れた道となり、やがて葛城山《かつらぎさん》、金剛山《こんごうさん》を遠望するとスギ林になる。**旗倉《はたくら》山東鞍部**で左折し（旗倉山へは右へ往復20分程度）、道なりに進む。見晴《みはらし》岩からは目指す一徳防山方面が見える。いくつか小ピークを越えて扇畑乗越《おうぎはたのっこし》の四つ辻に出る。稜線の、黒い樹脂製の急な階段をたどる。風化花崗岩のザレ場はスリップに要注意だ。

急登に息を弾ませながら、**一徳防山**の山頂に着く。右側の崩落が進んでおり、足もとに注意したい。15分ほど先にある送電線鉄塔のすぐ上の**三角点峰**からは、ほぼ全方位の大パノラマが得られる。

ススキのやぶを抜け、露岩の明るい尾根をたどり、厳しい急登をこなす。途中の分岐を左に50メートルほど寄り道すれば、眺めのいいタツガ岩に着く。

尾根道に戻ると、すぐに**編笠山**に着く。樹林の中で目立たない頂だ。ここから下りになり、「すぎこだちの道」を分けると、岩湧寺に続く舗装林道に出る。

■鉄道・バス

往路＝南海高野線河内長野駅から日野・滝畑コミュニティバスに乗り、中日野で下車。

復路＝神納から南海バス河内長野駅前行きに乗り、終点で下車。

■マイカー

登山口と下山口が異なるので、マイカーは適さない。

■登山適期

新緑の春、雑木林が色づく秋、雪化粧の岩湧山を仰ぐ冬と、それぞれに魅力的。尾根上には水場がなく、一部にやぶが茂るため夏場は不適。

■アドバイス

▽長丁場なので、バスはできるだけ早い便に乗ろう。

河内長野市が管理する休憩所、四季彩館

▽扇畑谷ルートは荒れており、下りの利用は危険。桧尾ルートは眺めのいい尾根から二ノ坂峠、大ザオ谷を経て中日野に戻れる。

■問合せ先

河内長野市環境経済部産業観光課（日野・滝畑コミュニティバスを含む）☎0721・53・1111、南

CHECK POINT

中日野バス停からすぐの、左の緩い坂道に入る

一徳防山への胸突き八丁は、がんばりどころだ

一徳防山三角点は鉄塔の上にある

雨乞い地蔵尊は年中おいしい水が得られる

9月、シュウカイドウが咲く林道を加賀田川沿いに下る

一徳防山三角点から見た富田林方面の眺め

岩湧寺直下の**四季彩館**《しきさいかん》でゆっくり休憩したら、加賀田《かがた》川沿いの長い舗装道を、ひたすら**神納**《こうの》**バス停**まで歩く。バスの待ち時間が長いようなら、600㍍《メートル》ほど先の南青《みなみあお》葉台口《ばだいぐち》バス停まで行けば、さらにバス便が多い。

海バス☎0721・53・9043

■2万5000分ノ1地形図
富田林・岩湧山

44

難路をしのぎ、和泉山脈屈指の滝から槇尾山グリーンランドへ

八ヶ丸山

はつがまるやま
419m

日帰り

歩行時間＝2時間30分
歩行距離＝4・1km

技術度
体力度

コース定数＝9
標高差＝125m
累積標高差 316m 461m

槇尾山の蔵岩《くらいわ》、仏岳《ほとけだけ》などクライマーに愛された岩峰や、最高峰の捨身《すてみ》ヶ岳《たけ》周辺は、事故やマナー違反が相次いだため、2014年秋以降、地権者の施福寺《せふくじ》によって立入禁止となった。元来、これらの場所は禁足地であり、寺の厚意で開放されていただけに、どうにも残念だ。しかし、この山域にはおおよそ低山らしくない峻嶮さを誇る側川渓《そばかわ》があり、公園化した八ヶ丸山と合わせてぜひ訪れてみたい。

側川林道終点から、奥の標識にしたがい、側川渓沿いの道に入る。開明《かいめい》ノ滝を右から高巻くが、足場は不安定だ。続くV字谷は左を注意深くトラバースし、さらに高く巻いて深い谷を避ける。「清水滝」の木製標識が立つ分岐から沢床の向こうに**清水《きよず》ノ滝**下部が見える。固定ロープが張られた岩の

黒い岩に流れ落ちる4段40㍍の清水ノ滝

公園化し、展望台がある八ヶ丸山

■鉄道・バス
往路＝泉北高速鉄道和泉中央駅からタクシーで側川林道終点へ。
復路＝青少年の家・槇尾山グリーンランドからチョイソコいずみ（乗合送迎便、要会員登録・要予約）に乗車。終点の槇尾中学前で南海バスに乗り換え、終点の和泉中央駅へ。

■マイカー
側川林道（未舗装）の終点に数台の駐車スペースがある。

■登山適期
5月の新緑や11月末の紅葉のころが最適。清水ノ滝へは積雪や凍結がある時は進入を控えること。

■アドバイス
▽側川渓の道は事故例もあり、開明ノ滝での高巻きに苦労するなら、潔く引き返し、舟底を経由して、直接八ヶ丸山に向かおう。
▽ベンチがある分岐から、檜原越の古道をたどり施福寺に出るコースは立入可能。ダイヤモンドトレールをボテ峠経由で滝畑に下ってもよい。

■問合せ先
和泉市環境産業部商工観光担当☎0725・99・8123、和泉タクシー☎0725・41・1600、チョイソコいずみ☎050・2030・3350、南海バス光明池営業所☎0725・56・3931

■2万5000分ノ1地形図
岩湧山・内畑

斜面を慎重につたって滝の前に下り立つ。水量は多くないが、黒い岩盤を輝きながら水が流れ落ちる光景は荘厳だ。

「清水滝」の標識に戻り、岩や根をつかみながら急坂をよじ登る。すぐ上のT字分岐を左にとり、さらに急登すると、ベンチがある稜線の分岐に出る。右は施福寺へ続く道だが、ここは左に進み、ほどなく**五ツ辻**に出る。直進して尾根筋を進めば、**舟底**《ふなぞこ》の鞍部に着く。スタートの側川林道終点がすぐ左下に見える。ここはそのまま尾根を忠実にたどる。時折、蔵岩方面の眺めが開ける。

大阪湾方面の展望がよいベンチを経て、最後はまっすぐな階段を下りて槇尾山グリーンランドに着く。アジサイ園が自慢の、ファミリー向けの公園だ。園内の長い階段を登り、100メートルあるローラー滑り台の入口をすぎ、**八ヶ丸山**の展望台に回りこむ。あとはグリーンランドから林道を**青少年の家**に下る。

CHECK POINT

側川林道終点から谷筋を奥に進む

側川渓にかかる開明ノ滝は落差7メートルだが存在感がある

清水ノ滝へは微妙なへつりをこなす

急峻な岩場を3点確保で登り、ベンチのある分岐をめざす

ちょっとした広場になっている五ツ辻

尾根道が最も側川林道に近づく鞍部である舟底

八ヶ丸山には100メートルのローラー滑り台があり、子供たちに人気だ

青少年の家に下山する

45 日帰り

神於山

こうのやま 295m

雨乞いの社から、有志が森林を整備する「神のおわす山」へ

歩行時間＝1時間40分
歩行距離＝4・2㎞

技術度

体力度

コース定数	=7
標高差	=202m
累積標高差	↗245m ↘257m

道の駅「愛彩ランド」から見た神於山

かつて荒廃していた神於山は、自治体や有志の地道な森林整備・保護により、美しい里山の姿を取り戻しつつある。展望台からは、淡路島、六甲、生駒、金剛山系までのワイドビューが楽しめる。初心者やファミリーにもおすすめの山だ。

まず、**宮《みや》の台《だい》バス停**から、正面にある**意賀美《おがみ》神社**に寄っていこう。多種の照葉樹林が茂り、秋はイの実が落ちる参拝路にびっしりとアラカシやシイの実が落ちる。境内の奥には雨乞い伝説のある雨降りの滝が涼をそえる。

林道脇から三国山を望む

宮の台バス停に戻り、正面の短い橋を渡り、石段を登る。舗装道に出たら左へ。桜並木はやがて竹林に変わる。峠に出てしばらくすると、枝越しに岩湧《いわわき》山《さん》、三国《みくに》山《やま》、和泉葛《いずみかつら》城山《ぎさん》などの山並みを見る。神於寺への分岐は

■鉄道・バス
往路＝南海本線岸和田駅またはJR阪和線東岸和田駅から南海ウイングバス塔原行きか白原車庫行きに乗り、宮の台で下車。
復路＝北坂口から南海ウイングバス岸和田駅行きに乗り、JR東岸和田駅または南海岸和田駅で下車。

■マイカー
付近に駐車スペースがなく、マイカーは適さない。

■登山適期
夏季以外はいつでもよい。秋は展望台付近のカエデの紅葉、東尾根のコナラなどの黄葉がよい。

■アドバイス
▽意賀美神社は、884年の大干ばつの時に陽成天皇が菅原道真に雨乞いをさせ、お告げにより滝壺を掘ると雨が降ったことから「雨降り大明神」ともよばれる。境内は貴重な暖地性照葉樹林が多く、大阪府の自然環境保全地域に指定されている。
▽神於山は、薬草にもなるカギカズラの北限自生地として学術的にも貴重という。

■問合せ先
岸和田市産業振興部環境課☎072・423・2121、南海ウイングバス南部本社営業所☎072・467・0601

■2万5000分ノ1地形図
内畑・岸和田東部

左へ。すぐ先の分岐を左折すれば、展望台と三角点がある**神於山**に着く。しばし展望を楽しもう。

元の林道に戻り、先に進むと、すぐに右への東尾根コースに入る。雑木林の尾根を進むと、**国見台**《くにみ》に出る。かつて岸和田市街が見通せたが、今は樹木が育ってしまった。北にのびる尾根はやがて林道に合する。少し先の**国見の森広場**には休憩舎と公衆トイレがある。

広場の北端で林道を離れ、左の階段道を下る。泣石谷《なきいし》コースに出て谷筋を下り、国道170号に出る（**2号園路入口**）。西に進み、土生滝交差点を右折すれば、**北坂口**《きたさかぐち》**バス停**がある。2号園路入口から国道を東に進み、道の駅愛彩《あいさい》ランドのバス停からも岸和田駅に出られる。

サブコースとして、展望台からクスノキの巨樹があるクスノキ広場を経て、野趣あふれる石谷《いし》コースや、南麓の神於寺に下りるコースもある。

CHECK POINT

府の自然環境地域でもある意賀美神社

意賀美神社にある雨降りの滝

歩きやすい神於山林道

神於山のピークにある展望台。すぐ裏に三角点がある

神於山展望台から見た大阪湾と六甲山系

今は樹林に囲まれた国見台

休憩舎がある国見の森広場

南麓の神於寺はカエデの紅葉が美しい

46

ゆったりと森林浴を楽しみたい、緑濃き静寂の山

上山・猿子城山

うえやま　777m
さるこじょうやま　709m

日帰り

歩行時間＝4時間15分
歩行距離＝8・4㎞

技術度
体力度

滝畑ダムサイトから見た猿子城山（右奥のピーク）

ノゾキ平手前の鉄塔から見た上山

コース定数	＝18
標高差	＝500m
累積標高差	↗735m ↘735m

槇尾山《まきおさん》と岩湧山《いわわきさん》にはさまれ、滝《たき》畑《はた》ダムの西側にある上山《うえやま》と猿子《さるこ》城山《じょうやま》は、山頂から眺めが得られないこともあって、訪れる人は少ない。しかし、コース中の雑木林はアカマツ、クヌギを中心に樹種が豊富で美しく、静寂の中、尾根を越えていく風に野鳥のさえずりを拾いながら、森林浴を楽しむにはもってこいだ。

滝畑ダムバス停から吊橋を渡り、槇尾山への道標にしたがい、ダイヤモンドトレールに入る。木橋を渡り、左手に水量の少ない5メートル滝を見つつ上がれば、ボテ峠に着く。

左手に鋭角に曲がり、尾根筋を忠実にたどる。岩が露出した急坂が迫るが、左右は意外に急峻。かつて設置されていた固定ロープも今はなく、バランスを崩さないようにしたい。スギ、ヒノキの混成林が出てくると、台地状の**猿子城山**に着く。「鬼《おに》ケ城《じょう》」ともよばれた南北朝時代の砦だというが、痕跡はない。

西へ尾根をたどり、**十五丁石**《じゅうごちょうせき》

■鉄道・バス　往路・復路＝南海高野線・近鉄長野線の河内長野駅から滝畑・日野コミュニティバスで終点の滝畑ダムが起・終点となる。

■マイカー　滝畑ダムの新関谷橋前にある滝畑売店の有料駐車場が利用できる。

■登山適期　新緑の春がベスト。水場がないので盛夏は避けたい。冬の積雪は少ないが、ボテ峠までの沢筋の横断点では凍結に注意し、必要に応じ軽アイゼンを装着する。

■アドバイス　▽猿子城山の稜線より南側は、マツタケ山のため登山道以外立入禁止。▽光滝寺は、飛鳥時代に欽明天皇の願により行満上人が開いた。滝畑では江戸時代よりツツジの梢を曲げ、花鳥の姿をかたどった花炭が名産。光滝寺の境内にも炭焼不動堂が建つ。▽光滝を見に行くには、光滝寺キャンプ場で環境清掃協力費を支払う。キャンプ場は夏場はバーベキュー客でにぎわう。

■問合せ先　和泉市環境産業部商工観光担当☎0725・99・8123、河内長野市（日野・滝畑コミュニティバス）☎0721・53・1111

■2万5000分ノ1地形図　岩湧山・内畑

地蔵《じぞう》に出る。左へ檜原越の道をとると、ほどなく幅広の林道に合流する。尾根筋を直進し、**林道分岐**を左折すると、植林帯の歩きやすい道が続く。2ヶ所、右から道が合流するが、いずれも直進し、続くV字分岐を左にとる。次の分岐のすぐ右横が、三角点がある**上山**のピークだ。

下山は右の林道をたどる。やがて左の小ピークの樹林中に索道跡を見ると、広場で林道が終わる。左の植林と右の自然林の境界を、テープを頼りにたどる。最初の鞍部で右に巻き、照葉樹林の中を下る。クヌギが多い尾根から90度右折し、どんどん標高を下げると、一本道で**光滝寺**《こうたき》に出る。

時間に余裕があれば、光滝寺キャンプ場の最奥にある**光滝**を見にいこう。車道を北に戻れば、**滝畑ダムバス停**に着く。

CHECK POINT

1 滝畑ダムバス停すぐ裏の吊橋を渡る

2 ダイヤモンドトレールは民家の間を入っていく。見落としやすいポイントだ

3 水量の少ない5メートル滝は木橋で横断する

4 猿子城山へ向かう尾根の急登は意外に高度感がある

5 猿子城山の静かな山頂

6 十五丁石地蔵の分岐は左へ、檜原越の道を南南西にとる

7 南側が自然林の上山山頂は、すぐ北に幅広の林道が通る

8 最近地元の有志により、改装整備がなされた光滝寺

47

串柿の里から、静寂の山歩きを経て滝畑の秀瀑を訪ねる

燈明岳・三国山

とうみょうだけ　857m
みくにやま　885m

日帰り

歩行時間＝5時間10分
歩行距離＝14・6km

技術度
体力度

コース定数＝**25**	
標高差＝600m	
累積標高差	↗1030m ↘1040m

和歌山県かつらぎ町平から見た燈明岳（中央）

犬鳴《いぬなき》山の同名峰と区別するため、「東《ひがし》ノ燈明岳」ともよばれる燈明岳は、和泉《いずみ》山脈が南にたわんだ南端に位置している。簡単に登れる堀越《ほりこし》観音側からアプローチし、名瀑で知られる滝畑《たきはた》四十八滝へと抜ける。

東谷《ひがしたに》バス停から緩やかな舗装道を登る。晩秋は道路脇に天日干しされた串柿が壮観だ。**堀越観音**にお参りしたあと、トイレ横の登山口から植林帯に入る。やがて舗装林道に合流するが、すぐに右の木製階段の道に入る。ウッドデッキの展望台があるが、あまり展望はよくない。ほんの少し登れば**燈明岳**の静かなピークだ。

奥に続く道は、一度林道にからむが、すぐに再び稜線沿いの山道となる。葛城第12番経塚をすぎ、神野《こうの》山を南から巻き、深《ふか》タワを経て**畑山**に着く。樹木に囲まれた目立たない頂だ。

神野からの林道に合流し、槇尾《まきお》辻《つじ》を右にとって稜線の舗装道に出る。右奥へ踏跡をたどると、**三国《みくに》山三角点**に出るが、ここも眺めは得られない。なお、西へ10分ほどで三国山のシンボルでもある航空路監視レーダー施設があり、そのすぐ西側に三国山の885㍍地点がある。

三国山三角点から東へ進んで林道に出て、**セト**で左の牛坂に入る。「右まきのを、左ちちをに」と刻ま

■鉄道・バス
往路＝JR和歌山線笠田駅から、かつらぎ町デマンドタクシー「四郷ルート」で東谷下車。午前中は2便で、乗車の際は予約が必要。
復路＝滝畑ダムから日野・滝畑コミュニティバス河内長野駅行きに乗り、終点で下車。

■マイカー
登山口と下山口が異なるので、マイカーは不適。燈明岳に登るだけなら堀越観音の先にトイレのある駐車場（無料、4～5台）が利用可。

■登山適期
串柿が四郷を彩る11月中旬～12月初旬がよい。冬は軽アイゼンを携行。

■アドバイス
▽堀越観音は、瘤の病に霊験があるという。役行者の母君が瘤を患ったときに役行者自ら十一面観世音菩薩（当山の本尊）を刻んだところ、病はたちどころに治癒したという。

■問合せ先
河内長野市環境経済部産業観光課☎0721・53・1111、和歌山県かつらぎ町産業観光課☎0736・22・0300、かつらぎ町デマンドタクシー☎0736・22・3333（有交紀北）、河内長野市（日野・滝畑コミュニティバス）☎0721・53・1111

■2万5000分ノ1地形図
岩湧山・内畑

れた地蔵をすぎ、三十丁石地蔵が立つ**千本杉峠**《せんぼんすぎ》に着く。

右の急な道を下ると、やがて落葉広葉樹が美しいヘイシ谷（白竜谷）の林道に出る。一本道を沢沿いに下り続け、休憩舎が建つ**御光滝**《ごこう》の分岐に出る。迫力満点の滝は林道からも見えるが、少し下から回りこんで滝の直下に迫れる。光滝寺第2キャンプ場をすぎ、荒滝《あら》直下に寄る道への分岐を経て、府道61号に合流し、**滝畑ダムバス停**に下る。

CHECK POINT

1 東谷停留所から道なりに車道を進む

2 串柿の里・四郷では11月中～下旬に柿が天日干しされる

3 登山口である公衆トイレと駐車場

4 ウッドデッキの展望台は樹木が育ち、年々景色が見えにくくなっている

5 役行者像の祠がある燈明岳の山頂

6 林道の裏手にある三国山の三角点

7 セトでは左の牛坂の道に入る

8 滝畑四十八滝のひとつ、御光滝。落差約12㍍の2段の迫力ある滝だ

48

渓谷のパワースポットから絶景の展望地をめぐり、美肌の湯へ

犬鳴山 高城山・五本松

いぬなきさん　649m
たかしろやま　約730m
ごほんまつ

日帰り

歩行時間＝4時間30分
歩行距離＝9・7㎞

技術度
体力度

コース定数＝20
標高差＝575m
累積標高差 ↗845m ↘845m

一般には温泉地として名をはせる犬鳴山は、役行者《えんのぎょうじゃ》が開山した七宝瀧寺《しっぽうりゅうじ》の山号であり、その名がつくピークはない。修験の地らしい、険しい地形が織りなす犬鳴川の渓流美と、渓流沿いの紅葉は必見である。

←五本松の「ゆたか茶屋」から見た和歌山側は、竜門山が正面に見える

←犬鳴川の黄葉を愛でながら遊歩道を進む

犬鳴山バス停から、温泉施設が並ぶ道に入る。犬鳴川沿いに進むと、滝や巨石、曲がりくねった大木、古い杉木立などが次々に現れ、神秘的な雰囲気を感じる。義犬の墓などを経て、大きな身代わり不動明王が立つ**七宝瀧寺本堂下**に着く。いったん本堂を通り抜け、奥にある落差12㍍の**行者《ぎょうじゃ》ノ滝**を見にいこう（拝観有料）。

本堂下から元の道を少し戻り、右への坂道に入る。上の舗装林道に出て右折し、100㍍ほど先の右カーブ地点でコッツキ谷沿い

■鉄道・バス
往路・復路＝南海本線泉佐野駅から南海ウイングバス犬鳴山行きに乗り、終点の犬鳴山が起・終点となる。

■マイカー
犬鳴山バス停の周辺に有料駐車場が複数ある。

■登山適期
犬鳴山渓谷では、春はヤマザクラ、夏はカジカガエルの声、秋は紅葉が楽しめる。冬は道の凍結に注意。

■アドバイス
▽犬鳴温泉は楠木正成軍の兵士が傷を癒したという。ぬめり感のある重曹泉は「美人の湯」として有名。
▽七宝龍寺は、役行者が大峰山に先駆け、7世紀中ごろに開いたという。
▽七宝龍寺の表行場と裏行場は、現在、一般登山者は通行禁止だ。修験者のみが立ち入れる（一日修行体験は要予約）。
▽天狗岳へは、七宝瀧寺本堂下の身代わり不動明王の右奥からのびる登山道を行く。燈明ヶ岳、経塚権現山（葛城第8経塚）を経て山頂へ。登り1時間10分、下り55分。

■問合せ先
泉佐野市生活産業部まちの活性課☎072・469・3131、南海ウイングバス南部本社営業所☎072・467・0601

■2万5000分ノ1地形図
内畑

の山道に入る。弁天岳《べんてんだけ》への分岐を右進し、稜線の林道に出る。林道を右へ進み、まもなく右の山道に入ると、すぐに**高城山**のピークに着く。植林の中の静かな場所だ。

山頂からは、手前の四つ辻を左に進み、何度か舗装林道に出合うが、北側に並行する山道を歩く。やがて舗装林道と合流すると、道なりに南へ進路を変える。坂を登りきると、**五本松《ごほんまつ》分岐**に着く。紀《き》泉《せん》高原スカイラインに出ると、和歌山側の景色がいっきに開ける。五本松売店（ゆたか茶屋）で大休止しよう。西へ150《メートル》ほどのところに建つ展望台は有料だ。

下山は、**五本松分岐**で西の登山道に入る。石段が整備されて歩きやすくなった。2度ほど林道に絡みながら、ぐんぐん標高を下げる。やがて舗装林道に合流し、車止めゲートを経て不動谷に沿って下る。犬鳴隧道を抜けると、往路に通った場所に出る。あとは来た道を戻って**犬鳴山バス停**へ。時間があれば温泉で汗を流していこう。

CHECK POINT

ウッディな二の橋を渡る

秘境感が漂う両開ノ滝

虚空蔵菩薩殿の前にイチョウの葉が降り積もる（11月）

大きな釜をもつ塔ノ滝

七宝瀧寺と水垢離の行場でもある行者ノ滝

樹林に囲まれ静まり返る高城山

五本松にある売店「ゆたか茶屋」

五本松から植林の中を下山する

49 雨山《あめやま》 312m

日帰り

南北朝時代の山城跡から、アルペンムードの尾根を行くプチ縦走

歩行時間＝3時間30分
歩行距離＝8・4km

技術度 ★☆☆☆☆
体力度 ★☆☆☆☆

コース定数	＝14
標高差	＝242m
累積標高差	↗475m ↘450m

306メートルピークから見た小富士山（左）、土丸城跡（中）から雨山（右）

西コースの尾根から展望台（右）と下永楽池を望む

雨山は、地元では昔から雨乞いの山として崇められている。南北朝時代の山城跡を含め、西側の永《えい》楽《らく》ダム周辺は「奥山雨山自然公園」として整備され、低山ながら、露岩帯からの展望がよい、アルペンムードあふれるハイキングコースだ。

土丸《つちまる》バス停からバス道を10メートルほど戻って右折し、巨大なクスノキがある春日神社の前を通って道なりに進む。車道を横断して、阪和自動車道の橋脚直下の左手から山道に入る。雑木林の急坂を登り、送電線鉄塔下に着くと、犬鳴山《いぬなきやま》、小富士《こふじ》山《やま》、関西国際空港などが一望できる。

ミツバツツジやモチツツジが咲く眺めのいい露岩の尾根道を進み、**土丸城跡**（城《じょう》ノ山《やま》）へ。鳥居の奥に南朝

■鉄道・バス
往路＝南海本線泉佐野駅から南海ウイングバスの犬鳴山行きに乗り、土丸で下車。
復路＝浪商学園前から南海ウイングバス泉佐野駅前行きに乗り、終点の泉佐野駅前で下車。

■マイカー
土丸バス停の裏手、春日神社の前に無料の駐車スペースがある。永楽ダム手前の永楽ゆめの森公園駐車場も利用可能（有料）。

■登山適期
ダム周辺にサクラやツツジが咲く春がベスト。空気が澄む冬もよい。低山で日陰に乏しいので夏場は避ける。

■アドバイス
▽サブルートとして雨山から北にのびる町石ルートや、小屋谷頂上と永楽ダム駐車場を結ぶ西ルートもおすすめだ。
▽土丸城は、南北朝時代の豪族・日根野氏が築いた。その後、橋本正督が奪取し南朝の一拠点となった。

■問合せ先
泉佐野市生活産業部まちの活性課☎072・469・3131、熊取町住民部農業振興課☎072・452・6085、南海ウイングバス南部本社営業所☎072・467・0601

■2万5000分ノ1地形図
樽井・内畑

の橋本正督《まさたか》を祀る祠がある。頂の南側を巻くように進み、古井戸跡から少し登ると、平坦な千畳敷跡（住民の森）に出る。すぐ奥が**雨山**山頂（雨山城跡）で、休憩小屋の裏手から大阪湾方面の眺めが広がる。山頂の左手にはヤマモモの老木と龍王社がある。

月見亭跡のベンチを経て縦走路を進む。和泉《いずみ》山脈方面の眺めがよい。**小屋谷《こやだに》頂上**の分岐を右に進み、小ピークを２つ経て、急坂をいっきに下ると**上永楽池《かみえいらくいけ》**に着く。舗装道を東に行き、斎場方面に向かう。左の**東コース入口**から、再び登山道に入る。やがて尾根筋に乗り、芝生広場への四つ辻を直進して、絶景の**展望台**に出る。

東コースに戻り、露岩の分岐を直進。急な階段をいっきに下り、桜並木のダム周回路に出る。ダムを渡り、サクラの広場を経て**永楽ゆめの森駐車場**に着く。トイレと自販機があり、最後の休憩によい。車道を下り、阪和自動車道のガードをくぐって**浪商《なみしょう》学園前バス停**へ。

CHECK POINT

1 土丸バス停裏にある駐車スペース（数台分）

2 阪和自動車道の橋脚下が登山口だ

3 大木集落の向こうに犬鳴山（左）と三峰山（右）を望む（土丸城跡と雨山の間の尾根より）

4 休憩小屋が建つ雨山の広い山頂。周辺は日根荘遺跡の一部（国史跡）

5 雨山山頂からは関西国際空港などが見下ろせる

6 小屋谷頂上の分岐は右をとり、西コースに合流する

7 東コース入口から、再び山道に入る

8 永楽ダム周囲は花見の名所で、春は広い駐車場が満車になる

50 日帰り

烈女・お菊の哀史の山から静寂の城ヶ峰へのロング縦走

お菊山・城ヶ峰

おきくやま　333m
じょうがみね　555m

歩行時間＝6時間5分
歩行距離＝13・5km

技術度 ▲
体力度 ♥♥

コース定数	=**27**
標高差	=495m
累積標高差	↗1115m ↘1020m

新滝ノ池分岐の手前の絶景スポットからの光景

ボンデン山展望台から見たお菊山

お菊山は和泉山脈西部に東西にのびる支脈上にある。夫の仇討ちのためこの山で覚悟を決めた烈女・お菊に思いをはせ、大阪の海を見ながら縦走してみよう。

東《ひがし》小学校前バス停からバス道を戻り、すぐに右折して橋を渡る。石段を登り、**蓮信寺《れんしんじ》**へ。境内の案内看板の右から三十番神の参道を通り、奥の院からシダが茂る道に入る。右後方に四石《よついし》山《やま》の稜線を見て、マツタケ山の紐が張られた登山道を進むと、**高倉《たかくら》林道出合**に着く。

林道に出て右へわずかで、露岩の分岐をとる。すぐ上の三角点から四石山、雲山峰《うんざんぼう》、大《だい》福山《ふくやま》、俎石山《まないたいしやま》が一望のもとだ。新家《しんげ》への分岐を経て、**お菊山**に着

■鉄道・バス
往路＝南海本線樽井駅、ＪＲ阪和線和泉砂川駅から泉南市コミュニティバス「山方面回り」で東小学校前へ。復路＝犬鳴山バス停から南海ウイングバスでＪＲ阪和線日根野駅、南海本線泉佐野駅へ。

■マイカー
登山口と下山口が異なるので、マイカーは適さない。

■登山適期
ムベの実がなる10月から、視界が澄む冬、早春がよい。低山のうえ、水場がなく、夏は不適。10～11月は、周囲のマツタケ山は登山道以外、立入厳禁。

■アドバイス
▽豊臣秀次の娘・お菊は、大坂夏の陣で討死した夫の仇討ちのため、徳川側の浅野軍を攻める作戦を知らせに男装して大坂城に入った。その途中、この山で黒髪を断ち、髪と鏡を松の木の根元に埋めたという。

■問合せ先
泉南市成長戦略室プロモーション戦略課☎072・447・8811、泉佐野市生活産業部まちの活性課☎072・469・3131、泉南市さわやかバス☎072・483・9871、南海ウイングバス南部本社営業所☎072・467・0601

■2万5000分ノ1地形図
樽井・岩出・内畑

く。お菊を偲ぶ石碑と一本のアカマツが並ぶ。山頂周囲はササユリが保護されている。

新家分岐をすぎ、しばらくして右の踏跡を50《メートル》ほど寄り道するとお菊山三角点がある。元の明るい尾根を進み、鉄塔が立つ**新滝《しんたき》ノ池分岐**でササ峠への標識にしたがう。後方に好展望が得られる小ピークでは、南にわずかに入ると殿尾《とのお》山の表示がある。大山分岐を経てシダが茂る坂を下ると、**ササ峠**に着く。

峠は直進する。堀河《ほりご》谷、ボンデン山の展望台などを眺めながら、若いマツの尾根を登る。やがて雑木林の急坂となる。中畑分岐を直進し、柵に沿ってヤブ道を急登する。長い縦走の中で最もこたえるところだ。登りきると**城ヶ峰**のピークに着く。

下山は、左の道をとる。まもなく尾根筋から右に下ると、幅広の林道に出る。

かつてダイレクトに下れた生草《なまくさ》谷の道は荒れており、今はひたすら林道を下る。府道62号に出て、**犬《いぬ》鳴《なき》山バス停**にいたる。

CHECK POINT

東小学校前バス停から、バス道を少し戻る

蓮信寺へは急な長い石段を登る

高倉林道から露岩の登山道に取り付く

お菊の石碑が建つお菊山山頂。6月には山頂付近にササユリが咲く

お菊山山頂から関西空港が見下ろせる

殿尾山直下の開けた尾根では西側の眺めがよい

中畑分岐は柵に沿って直進するが、やぶが濃い

急登をついて城ヶ峰のピークに出る

近畿自然歩道でもある長い林道をたどり、犬鳴山バス停へ下る

51

昭和山・四石山

和泉山系最後の秘境とよばれる川上新道を歩く

しょうわやま　375m
よついしやま　384m

日帰り

歩行時間＝5時間25分
歩行距離＝9・1㎞

技術度
体力度

コース定数	＝18
標高差	＝308m
累積標高差	769m / 771m

東稜線から見た四石山

シダのブッシュをかき分けて進む

昭和山へ続く大阪・和歌山の府県境ルートは、開拓者の名をとり、「川上《かわかみ》新道」とよばれる。コナラの美林が手つかずで残るが、複雑で熟練者でも迷いやすい。ブッシュの通過や微妙なトラバース箇所もある難路で、地形図とコンパスは手放せない。

根来《ねごろ》さくらの里バス停からバス道を少し戻り、地下道をくぐって側道に入る。これが登山口だが、標識や目印はなく、わかりにくい。作業小屋に「川上新道」の小札がかかる。獣除け柵を通り、沢筋に入って尾根の鞍部に突き上げる。

南への尾根を忠実にたどると、ボンデン山が東に見える。やがて採石場の作業音が響くやせ尾根となる。コナラの美林を楽しみながら尾根を進み、下り坂で鋭角に左折すると、ササが茂る**楠《くす》峠**に着く。

峠から登り返し、小ピークを2つ越えて**昭和山**に着く。三角点は縦走路から少し奥にある。

■**鉄道・バス**
往路＝南海本線樽井駅、JR阪和線和泉砂川駅から和歌山バス那賀岩出駅前行きに乗り、根来さくらの里で下車。
復路＝徒歩でJR阪和線山中渓駅へ。

■**マイカー**
登山口と下山口が異なるので、マイカーは適さない。

■**登山適期**
晩秋から春がよい。低山なので夏は避けたい。川上新道のコナラの黄葉は11月末～12月初旬。四石山のササユリは6月中～下旬。山中渓のサクラは4月上旬。

■**アドバイス**
▽本数は少ないが、泉南市さわやかバス「山方面回り」に乗り、つづら畑バス停から歩いてもよい。
▽金熊寺梅林から四石山に登るルートもある（約2時間30分）。送電線鉄塔が立つ支尾根で折り返す箇所が迷いやすい。ロープが張られた急斜面もある。金熊寺のウメは2月下旬～3月初めが見ごろ。

■**問合せ先**
泉南市市民生活環境部産業観光課☎072・483・8191、和歌山バス那賀☎0736・75・2151、泉南市さわやかバス☎072・483・9871

■**2万5000分ノ1地形図**
岩出

西側に和歌山市街の眺めがすばらしい。

南へ少し下り、すぐの岩出《いわで》分岐は右へ。雑木林を小鳥のさえずりを聴きながら歩く。30分ほど歩いたころ、楠畑《くすばた》への分岐を左に曲り、送電線鉄塔のすぐ手前で左進し、斜面を横切る。続いて境谷《さかいだに》の分岐を右に、尾根を登り返す。

美林に見とれがちだが、やがて尾根を左折し、固定ロープの斜面を登ると鋭角に右折する。丸い形の無名峰を越えて**槌《つち》ノ子《のこ》峠**に出る。尾根を北上し、**四石山《よついし》**に着く。かつて北側が開けていたが、今はほとんど木々に隠された。

下山は、わんぱく王国への標識にしたがい、照葉樹の尾根を進む。四《し》ノ《の》谷《たに》山、雲山峰《うんざんぼう》を西に見て、**沢横断点**へと急坂を下る。対岸を急登し、小尾根で左に下る。わんぱく王国の園内を通って、**山中《やまなか》渓《だに》駅**に下る。

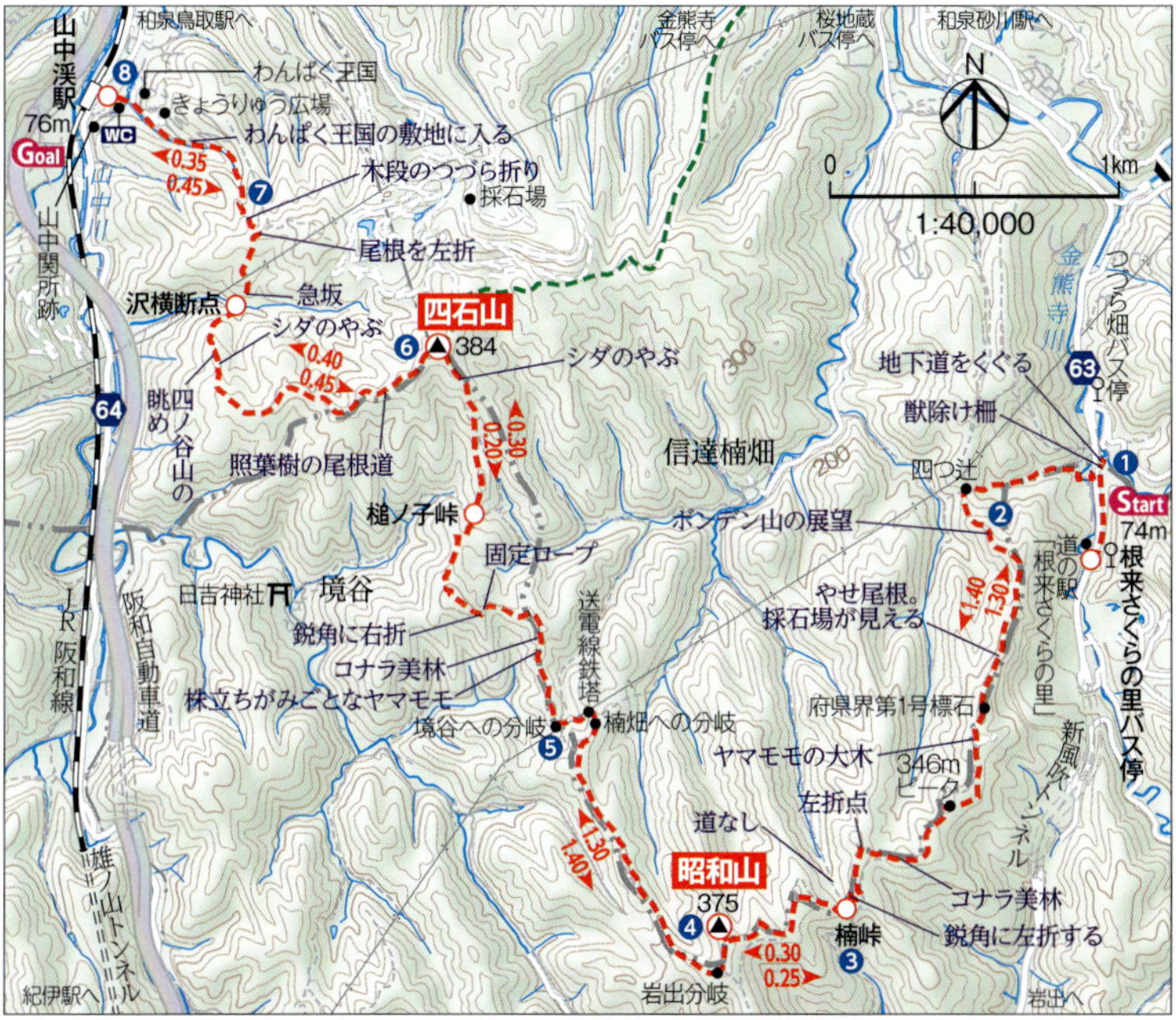

CHECK POINT

登山道へは地下道をくぐって側道に入るが、取付点には目印がなくわかりにくい

尾根に登ると、ボンデン山が対面に見える

楠峠はササが茂り、小さなプレートがかかるばかりだ

数人が座れる広さの昭和山山頂

境谷への分岐の手前はすべりやすい斜面を横切る

ブッシュを抜けてたどり着く四石山の山頂

整備されたつづら折りの木段道を下り、わんぱく王国へ

山中渓駅周辺は1000本のサクラが植えられている名所で、花見客が押し寄せる

52

紀泉アルプス最高峰への明るい稜線歩き

雲山峰

うんざんぽう
490m

日帰り

歩行時間＝4時間40分
歩行距離＝10.4km

技術度

体力度

コース定数＝18	
標高差＝414m	
累積標高差	586m（登り） 644m（下り）

四石山西稜から見た雲山峰

若いマツの明るい道がすかすがしい

雲山峰は紀泉《きせん》アルプスの最高峰で、古くから沖を行く船がこの山を目印にして方向を定めたという。鉄道の駅から直接アプローチできるうえ、展望のよい尾根歩きが手軽に楽しめるため、人気が高い。

山中渓《やまなかだに》駅から南に進み、最初の右への小道に入る。橋、踏切を渡り、グラウンドの角を左折する。

舗装が途切れ、銀の峰ハイキングコースのゲートに続いて、阪和自動車道のガードをくぐる。

一面にシダが生い茂る、岩がちな坂を登る。尾根に出てすぐ右が**第1パノラマ台**だ。関西国際空港から淡路島、六甲《ろっこう》山地まで、ウッドデッキからの眺めは格別だ。

尾根を進み、三差路を左に3分ほど入れば**四《し》ノ谷山《たにやま》**の山頂だ。三角点があるのみで展望はない。三差路に戻り、若いアカマツの尾根通しに進む。初夏はドウダンツツジが尾根を彩る。南側が大きく開けた露岩帯からは、送電線の向こうに目指す雲山峰が見える。

■鉄道・バス
往路＝JR阪和線山中渓駅から徒歩。復路＝徒歩でJR阪和線紀伊駅へ。

■マイカー
登山口と下山口が異なるので、マイカーは適さない。

■登山適期
山中渓のサクラは4月上旬。モチツツジは5月以降。ドウダンツツジ、ベニドウダン、ササユリは6月上旬。秋にムベの実がなる。低山なので夏場は避けたい。冬の着雪はあまりない。

ムベの花が多くみられる4月

■アドバイス
▽山中渓駅から北側を回り、第2パノラマ台を経て第1パノラマ台にいたる約1時間のルートもある。
▽雲山峰の山頂は厳密には和歌山県内にある。展望に恵まれないのが残念だ。
▽地蔵山分岐から井関峠を経てJR六十谷駅に下山するのもよい（約2時間）。

■問合せ先
阪南市未来創生部まちの活力創造課☎072・489・4508、和歌山市観光国際部観光課☎073・435・1234

■2万5000分ノ1地形図
岩出・淡輪

白い岩が目立つ、ちょっぴりアルペン的な雰囲気の尾根を進み、鳥取《とっとり》池への分岐をすぎれば、ひと登りで**雲山峰**の山頂に着く。草深く、広い頂には御影石の山名標石と小祠がある。

先を進み、落合への分岐、地蔵山分岐をすぎると、**青少年の森展望広場**に着く。紀ノ川の流れと紀北の山々の雄大な眺めが得られる。

六角屋根の休憩所の右から下山道に入る。ザレ気味の急坂を下り、**行者堂《ぎょうじゃどう》への分岐**を左へ。少しやぶっぽいところもあるが、送電線鉄塔下から南東方向が開ける。若干の登り下りののち、いっきに下ると植林に変わり、最後は竹林を通って阪和自動車道のガード前に出る。舗装道を下り、右手から回りこむように線路を渡れば**紀伊《きい》駅**に着く。

CHECK POINT

1 銀の峰ハイキングコースのゲートを通る

2 第1パノラマ台からは大阪湾の絶景が望める

3 緑に囲まれた四ノ谷山

4 鉄塔に近づくと、雲山峰も近い

5 鳥取池ダム分岐に立つ道標

6 開けた雲山峰の山頂部

7 青少年の森から見た和歌山市方面の眺め

8 行者堂へのV字分岐では左をとる

53

大阪府唯一の一等三角点「本点」の山へ

俎石山・大福山

まないたいしやま 420m
だいふくやま 427m

日帰り

歩行時間＝4時間35分
歩行距離＝11・4km

技術度
体力度

コース定数＝17
標高差＝349m
累積標高差 500m 564m

懺法ヶ岳から見た大福山

大阪府に一等三角点は4ヶ所あるが、俎石山には府下唯一の本点がある。府下で海岸線から最も近い400メートル峰でもあり、俎石山北展望台から見下ろす海の風景は格別だ。大福山を経て、南北にダイナミックに縦走するルートは、歩きがいがある。

桃《もも》の木《き》台7丁目バス停から歩道橋を渡って、公園風の階段を上がる。サンヒル都の横を通り、俎石山登山口の緩い坂を登る。右に鋭角に曲がり、左のゲートを通り山道へ。小沢にかかる短いコンクリートの**小橋**を渡ると、薄暗い植林となる。池の横を抜けて石ころ坂を登る。ヤマザクラが多いところだ。

俎石山北展望台では雄大な景色に浸れる

第1休憩所でひと息つき、右の尾根道に乗る。アカマツやミツバツツジ、モチツツジなどが印象的な尾根は、何ヶ所か北に南に展望が得られる場所がある。秋にはコウヤボウキが咲き、ムベの実も随所に見られる。**ピーク上の三差路**は右に行き、小さなアップダウンをこなすと、俎石山北展望台に出る。海がすぐ近くに見下ろせ、高度感を感じられる。すぐ南が一等三角点のある**俎石山**だが、こちらは展望に恵まれない。

雑木林のやせ尾根を南進する。岩がゴロゴロした葛城第3番経塚

■鉄道・バス
往路＝南海本線箱作駅から南海ウイングバス阪南スカイタウン線（循環）に乗り、桃の木台7丁目で下車。復路＝徒歩でJR阪和線六十谷駅へ。

■マイカー
登山口と下山口が異なるので、マイカーは適さない。

■登山適期
真夏を除けばどの季節もよい。秋はマツタケ山になるところもあるので、登山道をはずさないこと。大福山周辺はヤマザクラが多いので春がベスト。

■アドバイス
▽俎石山は、地元では音読みして「そせきざん」とよぶ人も多い。
▽下山は大福山から懺法ヶ岳、井関峠を経て滝谷地蔵尊に下りてもよい。懺法ヶ岳からは大福山のピークがよく見える（約2時間強）。奥辺峠から札立山、逢帰ダムを経て孝子へ下るのもよい（約2時間）。いずれも健脚向けとなる。

■問合せ先
阪南市未来創生部まちの活力創造課☎072・489・4508、和歌山市観光国際部観光課☎073・435・1234、南海ウイングバス南部本社営業所☎072・467・0601

■2万5000分ノ1地形図
岩出・淡輪

CHECK POINT

サンヒル都の上部が俎石山の登山口だ

ゲートから登山道に入る

大阪府唯一の一等三角点本点がある俎石山の山頂

大福山南直下のベンチからは和歌山市方面が望める

奥辺峠は直進する

の東側を巻いて、**大福山**に着く。ヤマモモの木が日陰をつくってくれている。奥に回ると、多奈川《たながわ》方面の眺めがすばらしい。山頂の南側直下のベンチからは和歌山市方面が一望のもとだ。

雑木林の尾根をさらに南へ。春はサクラが美しい**奥辺《おくべ》峠**は直進し、有功《いさお》中学への分岐を左に行く。つづら折りの急坂は慎重に下ろう。ひなびた**八王子《はちおうじ》神社跡**で小休止するとよい。

神社跡から少し下ると西谷林道に合流する。滝谷地蔵尊を経て、農村風景を楽しみながら、千手《せんず》川沿いにＪＲ**六十谷《むそた》駅**を目指そう。

54

ウバメガシの森を抜けて、海を見下ろす絶景の展望台へ

飯盛山（泉南）

いいもりやま（せんなん）385m

日帰り

歩行時間＝4時間20分
歩行距離＝9・6km

技術度

体力度

コース定数	＝17
標高差	＝327m
累積標高差	↗ 608m ↘ 647m

飯盛山から海岸までは4キロほどなので、低山だが眺めは高度感がある

文字通りご飯を盛ったような形の飯盛山は、海に近いため、実際の標高以上にどっしりとした存在感を示している。山頂からは、紀淡海峡から淡路島、大阪湾の向こうに六甲《ろっこう》山地にいたる大パノラマが得られることから人気がある。

孝子《きょうし》駅から国道26号を南下し、最初の踏切を渡る。すぐのY字路を左に進み、孝子観音の標識のある小橋を渡る。石段を登りつめると**高《こう》仙《せん》寺《じ》**に着く。

本堂裏の右奥から続く登山道をとり、ウバメガシの密生林を登ると、**高野《たかの》山《やま》**の地味なピークに着く。うっそうとシダが茂る中をさらに登り、高野山電波反射板の脇を通る。やがて幅が広い林道に絡みながら東進するが、林道が下り坂になりはじめるあたりで、右の尾根伝いの山道を行く。南海電車の線路と海が間近に見える。

緑の濃い稜線をたどると、背の高いササやぶの中の**札立山分岐《ふだたてやま》**に着く。左を選び、千間寺《せんげんじ》跡の古井戸を見送ってひと登りすると、広場に出た少し先に、展望デッキのある**飯盛山**の山頂がある。ワイドな眺めをしばし楽しもう。

下山は元の道をしばらく戻り、シブ谷への分岐で左折して坂を下る。赤い鳥居が見えたら、左に少

■鉄道・バス
往路＝南海本線孝子駅下車。
復路＝徒歩で南海本線淡輪駅へ。

■マイカー
孝子、畑ともに周辺の林道が狭く、マイカーでのアプローチは向かない。

■登山適期
南部の低山なので、暑い夏は避けたい。空気が澄んで見通しがきく晩秋から冬がよい。常緑のウバメガシやヤマモモなどが多いので、冬でも緑が楽しめる。

■アドバイス
▽高仙寺の裏手に役行者の母の墓がある。本尊の十一面観音は役行者が自ら刻んだという。
▽千間寺は、根来衆により室町時代に栄えたが、敵対する織田信長に攻められ焼失した。現在は井戸跡が残るのみだ。

高仙寺にある役行者の母の墓

▽飯盛山の山頂には、幕末のころ紀淡海峡に進入する異国船を見張る番屋があったという。

■問合せ先
岬町都市整備部産業観光促進課☎072・492・2730

■2万5000分ノ1地形図
淡輪

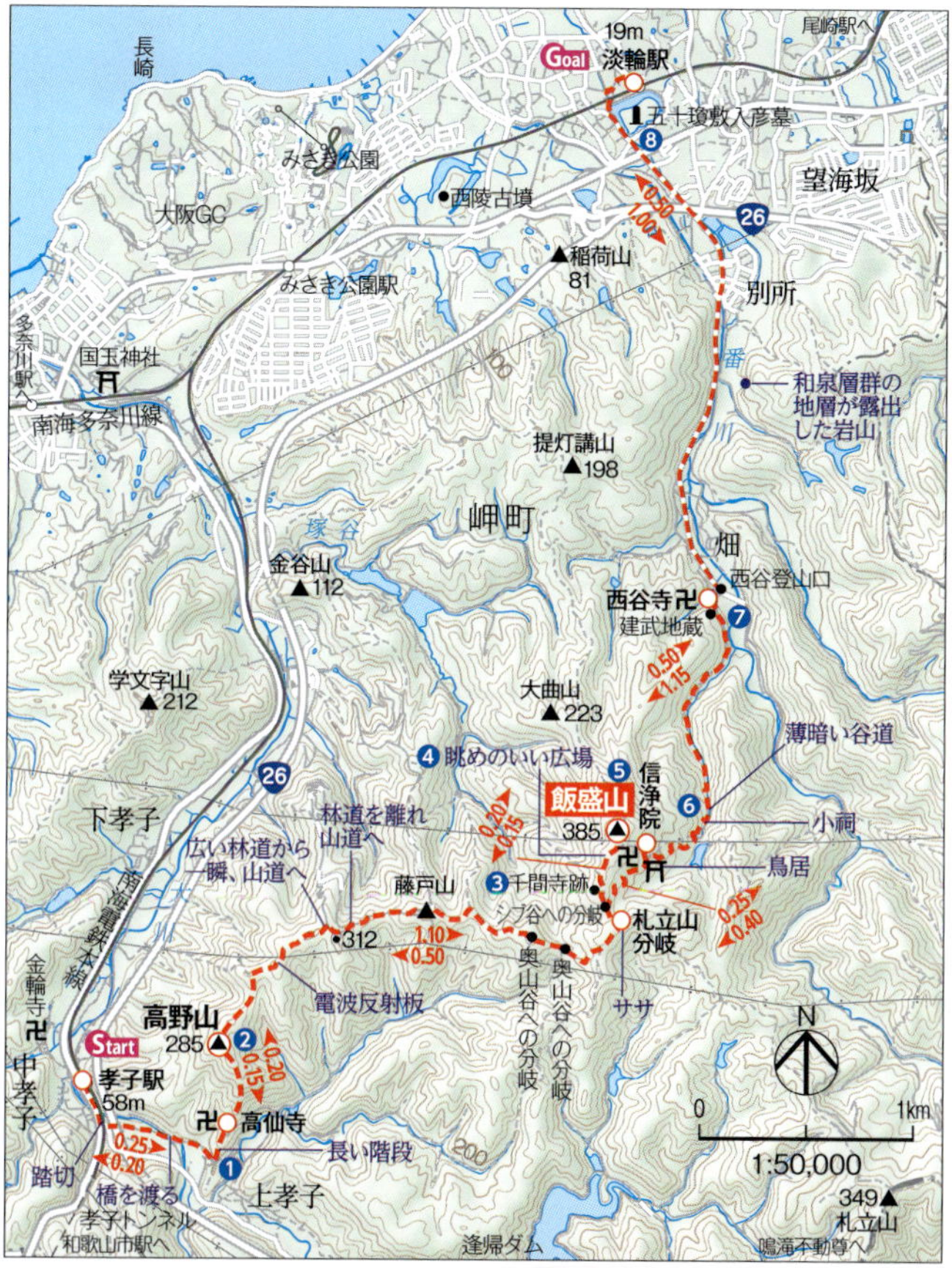

し登って信浄院《しんじょういん》の迫力ある岩屋に寄り道してみよう。

岩屋から元の鳥居に戻り、シブ谷の沢筋に下りる。薄暗い沢沿いの道をスリップに気をつけて下り、建武地蔵を左に見たら、すぐ**西谷《さいこく》寺**に着く。畑《はた》集落の農道に出て左へ、番川《ばんがわ》沿いに進む。道なりに進み、五十瓊《いにし》敷入彦命《きいりひこのみこと》墓（淡輪《たんのわ》ニサンザイ古墳）の横を通って踏切を渡り、右折すれば南海本線の**淡《たん》輪《のわ》駅**に出る。

CHECK POINT

1 高仙寺への長い石段を登る

2 目立たない高野山の山頂

3 古井戸が残る千間寺跡

4 飯盛山山頂手前の広場からは大展望が広がる

5 ウッドデッキがある飯盛山の山頂からは、大阪湾の絶景が広がるが、近年は木々の丈がのびつつある

6 すべりやすい岩に気をつけて谷道を下る

7 建武年間の文字が刻まれている建武地蔵

8 五十瓊敷入彦命墓を見れば淡輪駅も近い

55 高森山・四国山

和泉山脈西端の二座からオーシャンビューを楽しむ

日帰り

歩行時間＝４時間
歩行距離＝10・0km

たかもりやま　２８５m
しこくやま　２４１m

技術度
体力度

コース定数＝15
標高差＝285m
累積標高差　490m　484m

四国山展望台からは友ヶ島越しに淡路島が望める

高森山、四国山は和泉山脈西端の山で、和歌山県との府県境にある。高森山までの登路は道標がなく、足もとも荒れ気味だが、それから先の、青い海を眺めながらのハイキングは爽快そのものである。

小島住吉《こしますみよし》バス停から海岸沿いに大川《おおかわ》港へ。和歌山市指定文化財の嘉永《かえい》橋をすぎ、報恩講《ほうおんこう》寺への標識にしたがって左折する。素朴なたたずまいの**報恩講寺**で小休止し、さらに川沿いに進もう。金属製の橋を渡ってすぐのサクラ谷への分岐は、右の沢沿いに進む。ウバメガシやカゴノキなどが茂る暗い道だ。かつて軍用路だったことを示す標石や丁石、石畳が見られるが、足もとはよくない。

深山分岐で尾根筋に乗り、短いササやぶを漕いで主稜線の道に出る。分岐を左に行けば、すぐに**高森山**山頂だ。眼下に大川港と、水平線に淡路島が望める。

ここからは歩きやすい主稜線をたどる。不動明王祠への分岐をすぎるとすぐに、東側が開けたポイントに出る。その直下はすべりやすい岩場の下りだ。さらに進み、土が露出した急坂を登ると三角屋根の展望台に出る。すぐ下に開けた**展望広場**があり、休憩に向く。

左手の広い道を進むと、ほどなく四方に絶景が得られる**四国山展望台**に着く。眼下に加太《かだ》太陽光発電所、海へ目をやれば友《とも》ヶ島、淡路島が連なる。

少し先にある、地形図の２４１メートル地点にはなにもなく、そのまま市民の森への舗装道に下る。ここ

■**鉄道・バス**
往路＝南海本線みさき公園駅から岬町コミュニティバス小島住吉行きに乗り、終点で下車。
復路＝徒歩で南海加太線西ノ庄駅へ。

小島住吉の青い空と海に映える真っ赤なバス

■**マイカー**
和歌山市森林公園の駐車場（無料）を利用すれば、高森山、四国山へそれぞれ最短コースで登れる。

■**登山適期**
低山のため暑い時期は避ける。ムベの実がなる秋から、空気が澄む冬場がよい。

■**アドバイス**
▽報恩講寺は、１２０７年に浄土宗祖の法然上人が配流されていた讃岐から赦免された帰路、油生浜に漂着し、村人に世話を受けた。その際、上人が御影座像と百万遍の大念珠を刻んだが、これらを安置するために建立されたという。
▽四国山は、四国まで見わたせるとのことからその名がついたという。
▽二ノ宿峠から佐瀬川に出ると、岬町コミュニティバスのバス停があるが、本数は非常に少ない。

■**問合せ先**
岬町都市整備部観光交流課☎０７２・４９２・２７３０、岬町しあわせ

CHECK POINT

報恩講寺への道標にしたがい、斜め左の道に入る

金属製の橋を渡ってすぐの分岐は直進する

高森山の山頂から大川港と淡路島が見える

岩場の下り坂はスリップに注意する

四国山の展望台で絶景を堪能しよう

からはずっと舗装道を歩く。二《に》ノ宿《しゅく》峠で余裕があれば左に入り、葛城第2番経塚に寄ろう。和歌山北高校西校舎を経て、県道7号を渡る。西念寺では、葛城二十八宿の神福寺から遷された観音堂に立ち寄り、西ノ庄《にしのしょう》駅へ。

創造部住民生活課生活環境係（岬町コミュニティバス）☎072・492・2714

■2万5000分ノ1地形図
加太

●著者紹介

岡田敏昭（おかだ・としあき）

1967年、京都生まれ、大阪育ち、奈良在住。奈良山岳自然ガイド協会正会員としてガイド業を展開。シャープ山岳部会友。茨木市青少年野外活動センターのキャンプカウンセラーＯＢ。中学の部活動以来、登山に傾倒し、国内は関西一円の山々や日本アルプスを中心に、1300峰に足跡を残す。海外はマッターホルン（スイス）、キリマンジャロ（タンザニア）、ウイルヘルム山（パプアニューギニア）、マウナ・ロア（ハワイ）など12座に登頂。

岡田知子（おかだ・ともこ）

1968年、大阪生まれ、大阪育ち、奈良在住。日本山岳ガイド協会認定登山ガイド（ステージⅡ）。関西山岳ガイド協会所属。「ともちゃんの登山教室」講師。中学で野外活動部、高校で山岳部に所属。大学時代をすごしたアメリカでは、カヌーやロッククライミングを経験。夫・敏昭とともに、主に関西、日本アルプスの山々に登る他、海外の山にも足を延ばす。「ともちゃんの　のんびり登山教室 (http://blog.goo.ne.jp/nonbiri-sampo)」に活動を掲載中。

取材協力：延原慶次、横井雅明、高橋理 ほか

分県登山ガイド26

大阪府の山

2016年4月15日 初版第1刷発行
2024年7月1日 初版第2刷発行

著　者 —— 岡田敏昭・岡田知子
発行人 —— 川崎深雪
発行所 —— 株式会社 山と溪谷社
〒101-0051
東京都千代田区神田神保町1丁目105番地
https://www.yamakei.co.jp/

■乱丁・落丁、及び内容に関するお問合せ先
山と溪谷社自動応答サービス　TEL03-6744-1900
受付時間／11:00～16:00（土日、祝日を除く）
メールもご利用ください。
【乱丁・落丁】service@yamakei.co.jp
【内容】info@yamakei.co.jp
■書店・取次様からのご注文先
山と溪谷社受注センター
TEL048-458-3455　FAX048-421-0513
■書店・取次様からのご注文以外のお問合せ先
eigyo@yamakei.co.jp

印刷所 —— 大日本印刷株式会社
製本所 —— 株式会社明光社

ISBN978-4-635-02056-5

●乱丁、落丁などの不良品は送料小社負担でお取り替えいたします。
●定価はカバーに表示してあります。

●編集
WALK CORPORATION
吉田祐介
●ブック・カバーデザイン
I.D.G.
● DTP
WALK DTP Systems
水谷イタル　三好啓子
● MAP
株式会社 千秋社

■本書に掲載した地図は、国土地理院長の承認を得て、同院発行の数値地図（国土基本情報）電子国土基本図（地図情報）、数値地図（国土基本情報）電子国土基本図（地名情報）及び数値地図（国土基本情報）基盤地図情報（数値標高モデル）を使用したものです。（承認番号　平27情使、第959号）
■各紹介コースの「コース定数」および「体力度のランク」については、鹿屋体育大学教授・山本正嘉さんの指導とアドバイスに基づいて算出したものです。
■本書に掲載した歩行距離、累積標高差の計算には、DAN杉本さん作製の「カシミール3D」を利用させていただきました。